知鱼之乐

王东岳 著

形而上者谓之道，形而下者谓之器。

《易·系辞》

天地与我并生，万物与我为一。

庄子

我们把世界看错了，反说世界欺骗了我们。

泰戈尔

我欲成全你所以毁灭你，我爱你所以伤害你。

耶和华

作者简介：

子非鱼，生卒年月暂不可考。此人虚无如老子，飘逸若庄周，散淡逍遥，浪迹魂梦，仰观天道，俯察尘寰。虽系医学硕士及生物学技师，却无固定职业；身兼某大学哲学系客座教授，却无正式职称；看似自由撰稿人，但从未见有应景文章发表；曾著一书《物演通论》，文字晦涩，意境渺杳，味同嚼蜡，读者寥寥。如今勉强献出随笔若干，竟是戏弄人生、调侃智巧的奇谈谬想，万一有人不慎堕入他的思绪，敬请一笑置之，及早脱身，断不可如痴如醉，信以为真，须知他本人尚且一再宣称"天下无真"，你若视同至理，岂非荒唐自误？

知鱼之乐

王东岳 著

ISBN: 978-1-955779-04-3（精装 / Hardcover）
ISBN: 978-1-955779-05-0（平装 / Paperback）
ISBN: 978-1-955779-06-7（电子书 / eBook）

心通知易协助出版
www.Bridge-Minds.com

美国印刷
Printed in the United States of America

序

这是一本奢侈的读物。

说它奢侈，乃是由于它跟当前流行的快餐文化全然不同，它既不会给你带来临时的快感，也无法为你提供实用的效益，它倒可能给你造成某种深在的悲哀，然后还徒然地消耗了你的若许脑力。因此，本书仅供精神贵族享用，所谓"精神贵族"是指这样一类人，他们对文化的渴求不限于取乐或谋生等低层需要，而是有兴趣追究超然于现实生存或支配着现实生存的高层疑问，其情形俨如衣食无忧的富翁断不肯再为获取一口粗食奔忙，而是更有雅兴去赏玩翡翠钻石的璀璨一样。

不过，话说回来，倘若人们都只为求得温饱而劳瘁，就像动物那般决不追求额外的奢侈，那么，我在本书中所提出的种种质疑和忧患大约也就不存在了。问题恰恰出于我们人类永无餍足的天性，也就是出于我们不断追求上进的冲动，严格说来，这也不能全怪人类过于贪婪，因为似乎有某种内外交加的神秘力量逼迫着我们不得不如此。既然大家都身不由己地要把人世一总抛入奢华的境地，则稍微多花费一点精力，以便探询一下此类天性的渊源和归宿，似乎也就不该将它算作是一种过分奢侈的文化取向了。

为了不至于过度烦扰读者的思绪，本书只收集了一些轻松散漫的随笔闲谈。虽属散漫闲谈，毕竟关涉到一个深在的思想系统，故此建议读者最好按照目录次序逐一浏览，免得骤然跌入幽暗的迷宫找不着来路。当然，它尚不足以为你揭示全部问题的答案，但若能让人胸中升起一朵朵疑云，也未尝不会酿成晚霞斑斓的别一番景致，万一它居然给你带来了一场精神世界的苦雨，那就索性借机洗刷一下原来存放在那儿的"真理"上的尘埃吧。

或许，雨过云收，神驰的天地才更清朗。

作者　2002.3.16.

目录

自然趋弱：弱归人性

001

自然趋弱：弱归人性

1. 无用的哲思

> 那永存而不是发生了的是什么？那永远变化着、消逝着而决不真正存在着的又是什么？

柏拉图

> 朝闻道，夕死可矣。

孔子

> 哲学乃科学之父——科学无论看起来显得怎样的俊朗洒脱，它都不外是那更具沧桑感的丑陋老叟的轻薄之子。

子非鱼

> 看哪，我将漂流远方；我将独栖荒野。

布鲁诺

"哲学"是什么？似乎三言两语不太能讲清。我就听过很多人讲哲学，却从来没有听懂过。翻开有关词典，见如是说：哲学（philosophy）之词义源自希腊文phileo（爱）和sophia（智慧）的字源合成，哲学史家一般认为毕达哥拉斯首先使用了这个概念，19世纪有日本人依据中国古文献中"哲，智也"而将其译为"哲学"，意即智慧之学云云……。看罢越发糊涂得紧，于是自忖大约我属于"不爱智慧"的笨伯。后来渐渐地醒悟过来，方知在中国，吃哲学饭的教书先生自己尚且昏昏然，听哲学课的昭昭学子焉能不被哲学吃了？因而觉得有必要换一个讲法试试看。

一般来说，你离什么东西越远，你就越不至于变成它的奴隶，这话有一定道理，但全然不懂某样学问，却反过来能当那学问的主子，这种情形应该不多见。然而，中国人跟哲学的关系似乎偏偏就是这样一种局面。据说近些年洋人来华，发现我国有太多的人能大谈哲学，很是诧异，因为即使在盛产哲思的西方，哲学也要算是一门比较深奥的学问，一般大概没有多少人敢在这方面随便卖弄的。更重要的原因，恐怕还在于哲学本来是毫无用场的东西，故而平日里也没有什么机会提得起它。但在我们这块儿沃土上，哲学跟萝卜白菜一样遍地开花，无处不在，其政治用途尤为广泛，这倒让人怀疑中国人所谓的"哲学"到底是不是哲学。

哲学旧称"形而上学"。一般情况下，人们都活在"形而下"的直观世界里，所以不懂哲学应当丝毫无碍于生存。但我以为大概人人都在潜意识中怀揣着一套哲理，问题在于你能否把它打捞出来。通常，凡属你能在舌尖上随意摆弄的，想必不会是哲学。假如那玩意儿竟然就是你的哲学，则你的浅薄怕是从此无药可医了。因为，即便说得通俗一些，哲学对于人的精神，至少也相当于电脑里的操作系统，没有这个操作系统，固然一切应用软件都无从运行，但真正能把这套基础操作系统调出来加以审视的，似乎并不是玩电脑的人都能做到。想想看，如果你不是一个编程老手，你却能轻而易举地翻腾你的操作系统，那你电脑里到底装了些什么乱七八糟的东西，大概很有必要仔细检讨一下了吧。

既然如此，为什么还说哲学无用呢？哲学的无用就在于它实际上比那个操作系统潜藏得还要深，或者说，它距离精神上或意识上的应用层面更为虚缈遥远。它因此在精神底层奠定了一个深厚而坚实的基础，这就好比基础科学与应用科学，它们相距得越远，那基础科学就显得越没有用处，尽管越没有用处的基础科学，最终对应用科学具有越大的奠基作用和指导力度。譬如，爱因斯坦的相对论，开创了整个20世纪以来的科学新时代，但起初连他本人也不相信，这套理论可以作为量子力学与核物理应用的基础。他甚至公然反对量子力学，而且直到英国著名科学家爱丁顿首次为时空引力场弯曲作出观察证明之后，爱丁顿仍说全世界真正能理解爱因斯坦的仅有两个半人，而他自己只算其中的半个人。不仅如此，大概迄今也没人能够借助于相对论，弄出点儿什么在日常生活中有用的名堂吧。相反，倘若某种作为基础理论的学说，居然当下就能到处派上用场，则你千万要小心由于它的短视可能造成的贻害。因为这表明建立在它上面的应用系统一定既粗糙浮浅，又前途限量，俨如在未经夯实的地基上盖楼，那楼房盖到哪一层可能会突然坍塌下来，恐怕真是一件特别值得警惕的事情。

拿东西方思想史作个比较，大约最能说明这类问题。

公元前6世纪左右，理性化的哲思在世界各地分头萌动，这仿佛是某种自然演化律的触发机制在起作用。但一开始，它们各自的起点和深度就大相径庭，从而导致不同的文明类型最终显示出截然不同的分化内能和发展前景。古希腊先哲似乎特别缺乏现实感，他们所关心的问题距离实用层面很远，即便在最原始最朴素的自然哲学期，他们也只一味地追问"存在的本原"或"万物的动因"，这一问就问到了"物的后面"或"思的深处"，结果马上引出了毕达哥拉斯要用抽象化的"数"（数学）来诠释世界，欧几里德要用逻辑化的"形"（几何学）来推导世界，哲学与科学由此在理性的深处打下了第一个扭结。实际的情形是，毕达哥拉斯那嘹亮的唯理论先声，启发柏拉图第一个明确意识到，通常所谓的"外部世界"其实只能是一个"精神化了的世界"，而欧几里德后来著述《几何原本》，用现实中并不存在的点、线、面来图解对象，很大程度上是在为柏拉图的"理念论"作证——证明只有理念和逻辑才是永恒而有序的。文艺复兴后，以笛卡尔为代表，西方的哲学家和科学家一起（笛卡尔本人就是一位集数学家、物理学家和生理学家于一身的科学家），继续沿着这个逻辑化的思路并肩前进，他们干脆推开缺乏精神根据的"本体论"，集中力量去探索认知活动的内在规律，哲学从此跨上了"认识论"的新台阶。它的道理在于，既然主体只能借助自身先验的感知属性去捕捉对象，那么，在尚未搞清"感知"或"精神"的特性和规定之前，我们又有什么资格来谈论"精神世界"以外的客体呢？于是，笛卡儿只能证明"我思故我在"；贝克莱偏要纠察"感知的限度"；休谟接着发现"归纳思维的无效性"；然后康德才不得不拷问"纯粹知性"怎样造成知识增长……这是一个绵延了上千年的巨大思想工程，它由此锻造出一脉相当严密的逻辑工具和思维方法。其结果是，哥白尼一反感觉上完美的"地心说"，在当时还没有多少天文观察证据的情况下给出了合乎理性的"日心说"；伽利略只在斜面试验的逻辑运算中就推导出"自由落体定律"，他根本用不着爬到比萨斜塔上抛下两个大小不等的铁球；牛顿把他那逻辑系统格外严密的力学著作直接命名为《自然哲学的数学原理》；爱因斯坦则更为明确，他不但坦承自己的第一位科学启蒙老师就是那位被列宁骂得一塌糊涂的唯心主义哲学家马赫，而且还反过来批评马赫对形而上学纯思辨逻辑的不恰当攻击。

　　耐人寻味的是，中国很早也已完成了数学上的毕达哥拉斯定理（即勾股定理），其后的"祖率"（即祖冲之的圆周率）甚至比当时西方的计算精度还高；再者，中国东汉时期的张衡，甚至比托勒密更早地做出了"地心说"的模型（即漏水转动的浑天仪），但那只是一个看似优美的实物模型，却不是一个具备内在致密性和延展性的逻辑模型。而且，我们这些匠人式的思想家，总是在半途中就急忙把自己浮升到实用的层面上。例如，祖冲之就特别热心于制造水碓磨和千里船等，张衡也格外热衷于研制测地震的方位地动仪和测风向的侯天仪，却从来没有哪个人甘愿沿着繁密的逻辑路径，去不计功利地毕生深究世界的本原与心智的关系。这也就难怪黑格尔要冷嘲般地贬议"东方无哲学"了。不过，严格说来，黑格尔的见解并不正确，因为中国先秦时代的诸子百家恰恰全都是哲学家，须知正是他们的思想奠定了中国文化的基础操作系统，也就是说，他们全都起到了哲学家的精神铺垫作用和逻辑打造功能。只可惜，他们太现实了，太注重鼻子跟前的社会忧患和人文关怀了，所以，他们的思路是当下急用的，他们的逻辑是微言大义的。你看，孔老夫子整天忙着游说列国，相比之下，亚里士多德却急于摆脱马其顿王室的帝师苦差；墨子操心如何用"非攻"和"兼爱"来平息战争，与此同时，苏格拉底倒一点儿也不认为他奋勇参加雅典城邦保卫战与他的哲学有什么要紧的关系；这边公孙龙悠然游戏"白马非马"，那边欧几里德潜心编纂几何十三卷；唯独老子逍遥世外，似乎大有追问天地之道的雄心，可他又太深刻、太虚无、或者也可以说是太慵懒了，以至于若非函谷关的关长挡驾，他恐怕毕其一生也不肯留下一个字给后世。而且，如果仔细阅读他的《道德经》，你会发现他的世故一点儿也不逊于其他诸子，反之，其思辨论证之才具却照例显得十分苍白。短短五千言，居然多数篇幅都在谈论如何做人与如何为君，其实用程度足以让后来的汉朝帝王直接颁作治国之策，或者，也足以让芸芸众生将其蜕变为一宗救民于水火的世俗道教，却无论如何也无法把它发展成"致虚"的思维逻辑和"守静"的科学实验。

果不其然，实用的哲学很快就会给人带来实用的效应：政治上，我们古老的社会制度是最完善最稳固的，折腾了两千余年，你也休想彻底拆解它那千丝万缕的人治纽带和深入灵魂的专制架构，以至于一门心思信奉辩证运动的马克思，都只好无奈地将这个东方怪物称为"停滞社会"。经济上，早在唐、宋、元、明的中古时代，尤其是清朝初年的所谓"康乾盛世"时期，我国的国民生产总值曾经占到全球总产值的三分之一左右，远远高于现在美国经济独据鳌头的世界地位（约为21%），但从这里却根本不可能衍生出别具一格的现代商品经济形态。技术上，我们更是占尽了逻辑省略的便宜，指南针是基于天然磁体倾向地球磁极的偶然发现；火药是炼丹术士将各类杂物随机配伍弄成的意外事故；造纸和活字印刷更是民间生产实践活动的产物，丝毫不必进行任何繁琐细密的逻辑运筹。即是说，我们的四大发明无一不是既切近又实用的东西，决不会有哪个傻瓜去钻研远在天边的"日心学理"或一无用途的"自由落体"。到头来，我们只好扮演罗德岛上的舞蹈家，夸说自己过去跳舞如何精彩，只是现在底气不足、衰态毕现，无论怎样努力挣扎也站不直、跳不高了。

1840年的鸦片战争，预示了由浅用哲学所构造的精神实体的最后发展界限；1919年的五四运动，标志着我们只好断然割舍那个缺乏丰厚底蕴的思想文华传统——一脉古老的文明枯枝就这样戛然断落。可它的祸根却应该追溯到先秦时代甚或先秦时代以前。想想看，那个发端于黄帝和文王的"阴阳"辩证理论，一开局就足以用来解释男人和女人的一切玄奥，对于如此贴近我们身体发肤的直观哲理，你还能指望它产生怎样长远的精神效应和逻辑成果呢？

　　哲学原是极深沉的"务虚"，只有精于务虚的民族才有望找准"务实"的方向。须知人类就是以"智质虚存"主导"体质实存"的衍存物。所以，哲学的兴衰似乎一直与文明的兴衰密切相关，西方哲学思潮的涨落与西方历史气运的起伏完全吻合，中国亦然。只是由于中国自古缺乏多向求索的宽松氛围和深向发掘的逻辑功力，因而也就缺乏广博缜密的哲思体系，文明的张力到底弱一些。

　　我并不是要说，中华传统文化业已一无可取，恰恰相反，我倒以为西方的思绪目前实在需要注入一缕新风。但关键在于，我们必须澄清它的合理嫁接点究竟在哪里。假若我们还是沿袭陋习，急功近利，心浮气躁地总是忙着去干那种换汤不换药的勾当，那么，即使我们眼下争得了一时的振兴，只怕依然难能持久。鸦片战争以后，最先较系统地介绍进来的西方思想，竟是赫胥黎和斯宾塞所宣扬的社会达尔文主义（或者应该说，是严复译述的《天演论》把上列二位的观点有意曲解成这种形象，借以激发我们这个老大昏聩的民族的危亡感），一望而知，那又是一个迫切挪用的急就章；五四运动前后，弃旧迎新的新文化烽火首先由胡适的一封信点燃，可他最终给我们引进的却是杜威的实用主义哲学；再往后，我们又把费尔巴哈式的所谓"唯物主义"捡起来当做至宝，还发誓要不遗余力地批判一切被冠以"唯心主义"帽子的思辨学说，殊不知自笛卡尔之后，大多数唯物论者早已沦为哲学外行，他们甚至都搞不明白那些思想大师究竟在探询什么问题。说来寒心，难道我们真就荒唐到如此程度，居然敢相信那些呕心沥血的唯心大哲全都瞎了眼睛硬是瞅不着身外的存在？看来，在中国人的管状视野里只能容下照亮鼻尖的烛火，哪怕远方的太阳正在灼烧我们的胸膛也还是一样的视而不见。如果说，过去百余年的救亡运动不允许我们放长眼量，那么，今天中国的文人学子总该可以细细品味精神哲学的悠长余韵了吧。

纵观人类思想史，真正在哲学上有所建树的人大都是当时的博物学家或自然科学家，反过来看，在自然科学上作出重大贡献的人通常也相当谙熟真正的哲学，这是两条腿撑着一架躯干的格局，弄成瘸子总不便于走得长远。因此，切不要以为仅仅学好了数、理、化就必然可以把握未来科学的方向，也不要以为单凭追逐时兴的思潮就一定能够跳到时代的前头。须知西方的学子即便不是全都精读柏拉图或康德的著述，他们的心智深处也濡染着西方哲学的基本精神和氛围，同样地，我国的学生即便不太通读孔夫子或老子的说教，其精神底层也残留着东方思想的顽固印记和气息，如果我们真想学习人家的长处，请从这个最深在、也最具决定性的地方着手。牢牢记住，今天的知识照样有厚薄远近之分，也照样有操作系统和应用软件的区别，由此开始的马拉松赛跑最终照样会显出耐力的高下和气脉的短长，只是不知当前再造的中国文化打算做出怎样的抉择？

临末，让我借用罗素的说法，对哲学本身做一个最简要的介绍：人类迄今经历了神学、哲学和科学三大思想阶段，哲学因而成为神学和科学之间的逻辑中介过渡载体。它与神学的共通之点在于，二者都倾向于追究世界的终极原因，并表现出对人类自身的终极关怀；不同之处是，神学所使用的思想方法乃是"信仰"，哲学所使用的思想工具乃是"理性"。由此不难推断，它与科学的共通之点在于，二者都是借助于理性方式来探讨问题的学术；但研究目标上的不同也显而易见，科学更关心具体对象的钻研，哲学却保持着它的终极关切形态。如果说，对具体问题的研究不能导出我们对自身处境的整体认知，或者，如果说，人类的思维进程倾向于越来越分化、细致和狭隘，亦即倾向于越来越迫切、实用和轻浮，那么，站在统一整合的哲学立场上来俯瞰世界和人类的总体状态和终极关系，难道不是一个十分有趣的大视野或十分高远的大境界吗？

2. 有为与无为

夫唯不争，故天下莫能与之争。

老子

天下莫柔弱于水，而攻坚强者莫
之能胜。

老子

弱之胜强，柔之胜刚，天下莫不
知，莫能行。

老子

人之生也柔弱，其死也坚强；
草木之生也柔脆，其死也枯槁；
故坚强者死之徒，柔弱者生之徒；
是以兵强则灭，木强则折；
坚强处下，柔弱处上。

老子

人类之所以在世间万物之中显得出类拔萃，乃是由于人类
具有不同寻常的认知能力和行为能力，可谓之"有为"，因此，"有
所作为"、"能力非凡"历来是通用的褒奖之词。但早在2500年前，
老子却偏要说："无为而无不为"，意思是，只有无所作为才能
达成无所不为的效果。这话听起来像是痴人说梦，所以，老子
随后特意补充说："不笑不足以为道"，意思是，如果你的见解

不为常人所耻笑，则表明你离"道"还太远了。

老子的无为论，后人有很多注解，可惜全都不着边际。西汉初期，文景之治，实属得益于"无为而治"的国策，但也未必就能算是对无为概念的深刻诠释，尽管那样做的确是老子本人宣扬无为的原意。

"有为"或"无为"，其实由不得你自己选择，它首先取决于存在者的存在状态。试问哪个人敢整天躺在床上以懒惰策略求生？纵然是百万富翁，他也还有一个在床上躺得住躺不住的问题存在，一无所为恐怕是任何人都受不了的一种惩戒，所以古今中外，"囚禁"是通行的刑罚。反之，一簇苔藓，一块石头，你想让它动它也动不起来，而且它压根儿就不会产生"想动作"或"有所为"的打算。

问题在于，如果把人与其他万物都摆在一起加以系统比较，并将"有为"或"无为"当做一种尺度，我们就会立刻看到一系列奇怪的现象：凡是能力较强的高等"有为"物种 —— 譬如哺乳动物或脊椎动物 —— 都不免快速灭绝；凡是能力较差的低等"笨拙"物种 —— 譬如无脊椎动物或原始单细胞生物 —— 反倒长存不衰，而且越原始、越低级的物种，虽然其"有所作为"的能动性或能力一定越差，但他们的生存力度无疑却越显强健；更有甚者，那些完全没有生机、也就是不具备任何自主能动性或行为能力的"无为"无机物 —— 譬如花岗岩或磷酸钙等，唯有它们方能万古不灭。

而且，深究一步的话，我们还会发现，越原始的物质形态，它们在宇宙中的空间质量分布越大，衍存持续时间越长，亦即存在稳定性越高；反之，越迟演的物质形态，它们在宇宙中的空间质量分布越小，衍存持续时间越短，亦即存在稳定性越低。

以太阳系为例：粒子物态和元素周期表上最前端的原子氢与氦，作为太阳的主体构成，占太阳系总质量的99.86%，其他以分子形态存在的八大行星和星际物质，仅占太阳系总质量的0.14%，而生命物质只在地球表面薄薄地覆盖了一层，其质量减缩的程度更是有过之而无不及。从时间上看，太阳已有50亿年，预期还有50亿年的寿命，地球存在了46亿年，并将在太阳变为红巨星时先被太阳吞没。最原始的单细胞生物发生于38亿年前，迄今仍是地球上质量分布最广、生存力度最强的物种。而多细胞动植物直到5亿7000万年前的寒武纪显生时代才渐次繁荣起来，然而它们中间99%以上的物种早已灭绝，而且越高级的物种灭绝速度越快。这类事例不胜枚举，几无例外，限于篇幅，从略不赘。为了便于叙谈，我们姑且把这个规律归结为一句话：宇宙物质的存在效价或存在度具有一种倾向衰落的演动态势。

依此情形看来，"能耐"或"有为"这样一些高级素质似乎很有些不妙，它非但不能延长和稳定你的生存，反而变成了任一物质或物种的存在度或生存度趋于衰竭的反向指标。就是说，你能耐越大，你越活不安稳。或者反过来说可能更准确：你生存本性中的稳定要素越少，就相应需要越多的"能耐"或"有为"来弥补；进而，你弥补的"能耐"或"有为"成分越多，你又越发不得安宁；如此一往，弄成恶性循环。

这时再看老子所谓的"无为而无不为"，就显得十分的贴切了。像花岗岩那样的东西是绝不肯有所作为的，可它们的"不为"正好使它们安然稳存，或者说，它们的安然稳态正好使它们可以不必陷入忙乱纷扰的"有为"窘境之中。而这种安泰"无为"的存在状态，恰恰是一切"有为"或"无不为"者所求之不得的最终目标和最高境界。

换言之，"有为"无非是为了达成存在或维持存在，倘若"无为"更见成效，"有为"岂非多此一举？显而易见，"有为"大约实在是一种无可奈何的必须！从这一点来看，也可以说，老子给人类侈谈"无为"，有点儿像对牛弹琴，多少有些不合时宜。倒是孔子倡导的"知其不可而为之"，更能表达人类的自然处境之辛酸，只是孔子当时怎么也说不清人类为何非要这样折腾自己不可。

基于上述，我们尽可以将老子所谓的"为"视为一系列物演进程上的代偿素质。"代偿"者，对所失予以替代补偿耳。虽然所补的已不是原物（指存在度），但总归聊胜于无，这代偿上来的东西我们可以称其为"属性"（即对"能耐"、"活力"、"灵性"或"有为"的总称）。越后衍的物种诚然越弱化（存在度递减），然而他们的属性却相应地倾向于越来越丰化（代偿度递增），二者之间潜蕴着一个严格的单向反比函数关系，由以演成万物创生和进化的世界格局，是谓"递弱代偿原理"——这就是"道"，或者说，这就是"道"的现代注解。

不要忘了，老子恰好就讲过一句极其相似的话："弱者道之用"，大意无非是说，弱化现象是"道"的展开和实现方式。老子逝世两千年后，西方近代哲人才开始略有所悟，一组模棱两可的对应词"自在"与"自为"渐渐使用得频繁起来，但尽管咀嚼了几百年，西人至今仍然没有品尝出这两个概念针对人类而言到底是一种什么意味儿。

质言之，"自在"就是指存在度偏高的"无为"情状，"自为"就是指存在度偏低的"有为"情状，其间贯彻着代偿效价逐步升高的自然律，也表达着"道"所揭示的虚妄气象。这内虚外妄的最终承担者就是可怜可笑而又盲目浑噩的人类，他已处在物演形势趋向艰危或濒临崩溃的极端。于是，人类的属性最丰，能耐最强，灵性和名堂也最多，以至于无所不用其极，"有为"从此压倒"无为",张扬喧嚣,不可一世。人们丝毫没有觉察,他其实早已成了自然的"弃儿",他的所有生物机能其实是对这种"遗弃"的代偿,宛如失去父母养育的孩子只好掌握自我料理的本领一样,是乃"有为"或"自为"的本质和渊源。出于同义,人类最好不要再把自己误称为"天之骄子",他实在只是"天之髦螯",且不幸愈老反而愈不得安宁,于是只好替天行道,身不由己地表演着老来风流的闹剧而已,这种情形,就像立不住的陀螺必须高速旋转起来才能实现其自立一样。

——也就是说,这场闹剧并不只是人间的闹剧,而是自然导演于自身之存在或存续的闹剧。

故,此剧堪称"天幕之舞"。它的情节主线说来只有一条:有为者总是把衰弱的无奈夸张成聪敏和骄横,无为者总是把永恒的强势掩藏于守拙和静默。

老子堪称是天下第一位看懂了这出闹剧的先哲,而他又深知矫正世道的无望,于是暗自喟叹:"天下之至柔,驰骋天下之至坚。"让人一时分辨不出他是在夸耀你,还是在挖苦你。

3. 追求完善的遗憾

> 南海之帝为倏，北海之帝为忽，中央之帝为浑沌。倏与忽时相遇于浑沌之地，浑沌待之甚善。倏与忽谋报浑沌之德，曰："人皆有七窍以视听食息，此独无有，尝试凿之。"日凿一窍，七日而浑沌死。
>
> **庄子**

> 不要踩坏了我的圆！
>
> **阿基米德**

> 不要挡住了我的阳光！
>
> **第欧根尼**

> 不要损伤自己的心！
>
> **毕达哥拉斯**

追求完善是人类恒久不变的理想，而且据说它也是自然的意志。亚里士多德就曾提出过一个叫做"隐德来希"（entelecheia）的哲学概念，大意是说世界有一种朝着追求完善（主善）的方向运动的目的和潜能，甚至认为正是这个可敬可爱的"隐德来希"构成了万物演化的内在动力。

不过，非常糟糕的是，这个良好的动机——不管它体现的是自然的法则还是人类的愿望——从来都只能导出相反的结果。让我们先看自然界的操作（因为我们人类就是它操作出来的产物）：按照现代理论，宇宙是从某种不可言说的"奇点"状态爆发而来的，它相当于古希腊哲人巴门尼德所谓的"存在是一"。大爆炸初始，世上先有了三种基本粒子，即夸克、轻子和玻色子，这"三"种粒子无疑是那个最完善的"一"的分化或残化。残化了就难以稳存，所以要赶紧整合成某种复归为"一"的结构，或者说，要赶紧去追求那个业已丧失的"完善"，于是造就出92种天然元素。不用说，这"92"当然是原先那"3"种粒子进一步分化或残化的恶果。此后就更为不堪了：92种原子又分化出上千万种分子；千万种分子再分化出上亿种乃至上百亿种生物；而且越分化者越残缺，越残缺者越柔弱。所以分子结构远不如原子结构稳定，生命结构又远不及分子结构稳定，结果造成绝大多数生物种类早在人类问世之前就已经灭绝。

生物的不完善是一目了然的。譬如兔子会奔跑却不能爬树，于是不免被狐狸豺狼之类猎杀；狐狸虽狡猾却不能搏击，到头来又逃不脱虎豹狮子的爪牙；鸽子善飞不善游，所以被鹰隼追得再急它也不敢跳水逃生；鱼虾善游不善飞，因而只好眼睁睁地变成鲸鲨之类的腹中物。然而多亏了生物的不完善，才使生物的多样性得以确立，也才使环环相扣的生态系统得以形成，否则，面对"完善而永生"的恐龙恶棍，恐怕时至今日也轮不着人类跳到世上来献丑了。

现在再来看人类：其实人类一开始就未曾完善过，而且必然倾向于越发不完善，因为他直接就是那个专门导向不完善的自然进程的结果。说起来，倒是那个诞生于38亿年前最原始、最不起眼儿的单细胞生物还相对完善一些，尽管比起分子物质来，它实在已经残弱的不成样子了，所以它不得不与其他东西发生物能交换，是为"新陈代谢"。不过它至少还是一个可以独立生存的自满单元，滋养和增殖一身兼顾，两不耽搁。及至进化为低等多细胞生物，原来的单细胞马上丢失了一半功能，它要么只管营养，要么只管繁殖，再进化，则连营养或繁殖之一它也顾不及了，于是只好照管其中的某一小部分职能。譬如，神经细胞只管兴奋和冲动，骨骼细胞只管承重和架构，肌细胞只管收缩，肾细胞只管泌尿……等等。说到这里，你也许会想，这多细胞有机体总该算是一个完善的生命了吧！又错了，多细胞一旦聚合，不仅体内细胞随即分化，而且机体本身立刻遗失了自己的一半，这一半从此再也找不回来，任你苦苦追寻，终究若即若离，是乃"两性分裂"——爱情的悲歌至此吟唱不绝。

不光这体质上的残化叫人不得安宁，随后那智质上的分化又将接踵而来。早年的原始人，生活在伊甸乐园（指没有人工作物的纯自然环境），脱胎于动物情怀（指没有人文产物的纯自然心境），逍遥如鸟兽，清明无困惑，此刻人类的精神状态尚属空白而圆满。后来，生存的难题积累，心中的疑虑渐生，由此便闹出了种种图腾拜物教或人格神教，但毕竟所有的问题都可以在神那里通过占卜获得简明的解答，所以裂纹斑驳的心智一时还算囫囵。再往后，闹起哲学，纷争渐起，各执一词，抱残守缺：老聃说"道"，孔子讲"仁"，泰勒斯偏爱"水"，毕达哥拉斯信奉"数"，……博物学时代悄然来临。好在学术尚未分化，智者统领天下，然而亚里士多德此时已经提出"分科之学"的意向，"科学"瓜分人智的号角终于吹响了。果然，自哥白尼首创，到牛顿成型，人类的智慧此后彻底四分五裂：搞物理的不懂人文，搞社会的不懂生物，搞天文的不懂地质，搞心理的不懂法律，如此等等，不一而足，学术分野和技术分工迄今已达数千领域，将来还会分得更细更杂，每个人只不过是某一种思想或某一项技能的残缺载体，甚至进而演成只是某一个社会结构位点上的临时部件。至于此，还有什么"追求完善"的余地可谈？

人类总有一种过分看重自己或过分赞美自己的倾向，于是不免对自身产生过高的期许和同等程度的失望。爱默生的喟叹就属于这种类型。在他看来，每个人原本都应是一个小宇宙，但沦落到现实中却纷纷变成了碎片，他沮丧地嘲讽道："社会陷入了这样一种状态，每一个人都像是从完整的身体上分解下来的一段肢体，昂然地走来走去，满世界有这么多的怪物 —— 一个好手指，一个颈项，一个胃，一个肘弯，但从来见不到一个完全的人。"然而，他说错了，这恰恰就是人，而且唯有如此才能成其为人！比方说，那个"好手指"就是职业钢琴和提琴演奏家，那个"颈项"就是嗓音洪亮的歌唱家，那个"肘弯"刚好用来配成乐队指挥，然后，这群高雅的人总得吃饭吧，于是，食品加工业者就代表整个社会的"胃"而为之奔忙，如此拼凑，未尝不够美妙。只有像爱默生那样专营制造感慨和谬误的诗哲之流 —— 他们大约可以算作是游离出来的病脑瓜 —— 倒真是属于可有可无的一类。

人这种东西，说到底不过是自然衍存进程的一种过渡形态，因此他的生理构造及其行为方式，都会不自觉地去贯彻自然律令固有的规定。比方说，在神经生理学上有一种叫做"放散干扰"的现象，当一个强刺激作用于中枢神经系统的某一功能位点时，其他各功能位点的应激兴奋反应就会遭到不同程度的削弱或屏蔽。所以你若头疼，聪明的庸医就会用拙劣的手法为你针灸，针刺的痛苦立刻缓解了头疼的感觉，然后他还顺便从你那里博得一连串医术高明的好评。玩笑话不谈，其实就连最卓越的人也受累于这种顾此失彼的限制。譬如，贝多芬、叔本华和诺贝尔之流确实堪称人杰，但他们注定不能讨来贤淑女子的欢心，因为他们过度专注于自身的优长，其他正常的生物求偶反应只好削弱。所以，上列各位虽然不乏真诚的爱心，打光棍儿却实在是他们最合理的结局。公允而论，我们不能责怪这些女孩子有眼不识泰山，试问谁又甘愿把自己好端端的人生交付给近乎残废的怪物加以浪掷呢？

傅立叶曾说，人类的智能原本没有多大差别，只是使用的方式有所不同罢了。换句话说，就是分化或残化的方向不同。一位教授擅长某一专业，有如一个小偷精于扒窃撬锁，你看他俩智慧之悬殊判若云泥，是因为你不屑于体验盗贼的聪敏。倘若某日狼烟风起，天下大乱，教授失业，身无长物，只好权且从盗为生，他届时一定会发现，要想学会那位小偷的一手绝活儿，其难度一点儿也不亚于他的识文断字之艰。事实上，社会中的各类精英都是一些更为残缺的人格化身，倒是那些一无所长的黎民百姓，其身心发育反而可能比较健全一些。所以他们一般不会犯牛顿为大小两只猫，在门上凿大小两个洞那样的简单错误，也不会犯曹雪芹一心痴迷于几许方块儿字，却不惜绳床瓦灶、瘦死西山那样的严重偏执。试想，如果满天下都是像牛顿或曹雪芹那样荒唐的精英，人类的生计岂不是危乎殆哉？

不幸的是，好像现在人人都想争当牛顿、贝多芬、诺贝尔或曹雪芹，并且深信只有那样才算是人格完善的典型。这大概就是上天赋予我们人类的继承性分化使命还没有最终完成的一种自然障眼法或自然督促方式吧。

4. 平庸者伟岸

有没有一种生活方式是高贵的，
而另一种是卑贱的呢？还是一切的
生活方式全属虚幻无谓呢？

罗素

上帝也给每只笨鸟儿准备了一
根矮树枝。

土耳其谚语

要知道，人情练达与理解人性
并不完全是一回事。

弗兰西斯·培根

一个人只有生活在一个充满
愚人的世界的条件下，才是有智慧
的人。

叔本华

英雄者辈看见平庸的人们像鸡鸭觅食那样只顾一味地趋利
求生，蝇营狗苟，低级趣味，便忍不住想要或厉声或委婉地教
训他们一番，说什么人生在世，须得奋发创新有所建树才不算
枉活一场，庸人闻之，多少也会有点儿惭愧，灰溜溜地仿佛自
己做错了什么。

这种场合之滑稽，简直就像是病人在训斥医生不够健康。

须知，真正做错了的正是那些气壮如牛的造势英豪。这话还得从头说起，让我们先来看看"创新"或"建树"原本究竟是怎么回事儿。

"创新"并不是人类独有的本领。倘若没有自然物演的步步创新，人类又将从何而来？姑且不提无机界怎样造化了生命，只需考察一下生物进化——也就是生物的"变异"现象——如何"建树"了它们的未来，一切都会水落石出。其实，生物最重要的属性首先是遗传，因为生物诞生时它已极度弱化，死亡的结局接踵而来，所以它必须借助于某种类似接力传递那样的方式，使得短暂也能够永恒，这就是生物遗传增殖机能的初始意义。遗传过程本身有一项基本要求，那就是，它必须能够忠实不走样地拷贝自己的基因编码，否则，畸形累累，何以传嗣？所以，任何变异其实就是畸胎，或者说，是病态的畸变，历来是淘汰的对象，成活和传续的概率极低。好比某人生出了一个长有三支鼻子的宝贝儿子，纵然他嗅觉异常的敏锐，一时也不忍舍弃，养活下来，恐怕最后还是找不见老婆，这创新的成果终于不能发扬光大。除非刚好有那么一天，靠一支鼻子所能找到的吃食已被人们搜罗尽净，而那位三鼻怪胎还没有老死，且只有他还能嗅到隐藏极深的果腹之物，无奈之下，长着单个秀鼻的美女只好纷纷屈尊下嫁给他，经此一番自然选择，三鼻长者才有可能儿孙满堂，丑类横行，相互之间不以为怪，加之单鼻汉们早已做了饿殍，至此才让那原先不被接受的创新品种终成正果，源远流长。不过，万一那位三鼻长者一不小心又生下了一个四目畸种，想来他一定会毫不手软地立刻掐死这个孽子，免得又落个丢人现眼活受罪的下场，因为那位老人应该深知，再闹出一个令全体双目人统统饿毙的时来运转之局，可能性实在是微乎其微了。也就是说，三鼻人种必然照例堕落为一个庸人群落，重新开始扼杀一切离经叛道的创新异端。

这实在不能只怪庸人们过于保守，因为庸人们的确仅仅充当了一个自我保健的医师角色。这句话的意思不光是说变异者多为畸病的祸种，应予剔除，更在于那变异创新的后果着实令人不敢恭维。首先，变异者一旦得逞，总是翻脸不认祖宗，甚至摇身化作让老前辈全然无法应付的天敌，这种情形最早见于作为后续一切生物之鼻祖的原始蓝绿藻，它们的进化变种，就是专以收割蓝绿藻为食的真核单细胞浮游生物，结果把老佛爷弄得从此一蹶不振；时至今日，此例不改，君不见，信息文明的新秀们目前正在把工业文明的老行当挤入末路？其次，任何创新而成的后来者，总不免流于外强中干，乍一看张牙舞爪，实质上生存力度一代不如一代，譬如，蓝绿藻静悄悄地独霸地球长达20亿年之久；它的远代子裔恐龙却只嚣张了不足2亿年就突然间销声匿迹；后来的高等哺乳动物就更为不济了，它们总体上的问世纪元才不过9000万年左右，居然全如匆匆过客，你来我往，绝灭纷纷，如今早已所剩无几；尤为不妙的是，我们人类作为一个最后也是最高尚的创新生物品系，迄今还不足500万年就已呈现出一系列衰竭前的过盛危象。如此看来，庸人们不肯创新，不求进取，岂非慧眼独具，大智大德？

由此也可见得，人性中天赋的保守素质，其实就是生物遗传守旧律令的自然延续，正如人性中天赋的激进素质，照例不过是生物变异进化律令的自然继续一样。不同点也许仅仅在于，变异创新缔造了存续，遗传守旧维系了存续。换成一个争论不休的老话题，也可以这样说：英雄创造历史，群众维护历史。试问个中功德，以孰为著？

这个问题的答案有望从下面的一桩特殊病例中得到推求：临床上有一种罕见的怪病，叫做"早衰症"，该病的特点就是生长发育过速，犹如体内的细胞组织一律惹上了偏好创新勇于进取的冲动，各逞英雄好汉，没有谁甘当庸人，结果导致患者还是一个十岁左右的儿童之际，就已表现出鹤发皱皮、脏器衰竭的耄耋老态，小小年纪而告寿终正寝。以此为鉴，你看是消极保守一点儿为好，还是积极进取为好？

实际上，在任何一个同类群体里，异变分子或失稳因素 —— 可视同人类中的创新个员或躁动英豪 —— 总会被压制在某一极其有限的范围之内存在，也就是说，这里有一个自然施加的限额规定。根据朱克斯(Jukes)和金(King)的研究估算，生物细胞发生基因突变的概率为 $(3 \sim 50) \times 10^{-10}$ 置换/密码子/年，这是一个极低的可实现几率。不过，随着宇宙物演进程的发展，这个概率大约是渐次增高的。即便如此，在人类群体中，作为稳定层面的平庸者也一定会在统计学上正态分布的钟形曲线坐标里构成主体成分，亦即平庸者必定占绝大多数。我们应该为此而感谢上苍，须知这可真是自然界赐予人类的一个生存保护机制，它的客观涵义是，即使人群中的每一分子全都竭力想让自己成为超凡脱俗的革新明星，真正的成功者终归是凤毛麟角。出于同一缘故，革新者的命运通常不佳，他们的毕生努力大多流于枉费心机，纵有个别崭露头角，恐怕亦将免不了备尝失败的酸楚，商鞅变法遭车裂，王安石数度被贬谪，伽利略老来遇囚，孟德尔功成寂寞……凡此种种，大抵都是这一自然机制从中作祟的结果。

话说回来，再看平庸者的生活层面，他们尽管人微言轻，艰难度日，却一定反而保持着较高的生物稳定性和较低的生存风险率。如果不信，你不妨粗略地分别计算一下历史上各类英雄和普通民众的平均寿命及其非正常死亡率。假设这种算法不能令你满意，那就请你任意设计可对照的其他方法，试看能否得出相反的结论，我以为那是绝不可能的。当然，这个结论也许并不十分重要，如前所述，平庸者的伟大之处首先在于，他们是任一同类群体得以稳定衍存的决定性力量。

然而，在各个领域，人类眼下正表现出创新率明显增高的迹象，也就是那个原本十分高耸伟岸的钟形平庸分布曲线正呈现出渐趋矮化萎靡的倾向。这种情形大概也是自然演运史发展到某个临界阶段的必然结果，对此恐怕谁都无可奈何。我在这里只想提醒人们不要犯糊涂，以为这样正好显示了我们文明的生机勃勃和前途无量。依我之见，这可不是一个好兆头。

5. 人性之根: 贪、烦、畏

> 在这世上，我们都是囚徒，而且被囚禁在现世的肉体之内。
>
> **爱比克泰德**

> 烦是生存结构的整体。
>
> **海德格尔**

> 畏之所畏者就是在世本身。
>
> **海德格尔**

> "人是什么"以及"人自身固有的东西"永远都是我们所要考虑的主要事情。
>
> **叔本华**

　　人降生于世，很有些像马戏团里空中飞人的坠落入网，甚至比那还要不及，因为那只是一张身外的护网，既不至让你跌损，又不会死缠住你不放。但人生却无有不陷入身内的心性之网者，且此网既要伤人，还要叫你永世不得脱身，这就是由贪、烦、畏编织而成的三个连环罗网：无"贪"则不足以激发进取；进取则必然导致"烦忙"与"烦神"；烦而无功、贪而不得则"畏"立刻油然而生，由以逼迫你卷入更紧张的贪欲之中。海德格尔因此将人生面世称作"沉沦"，并就"烦"与"畏"说了许多诘屈聱牙的思辨话语，然终究未能讲清造成如此尴尬结局的人性根源。

"人性"是什么？一言以蔽之："人性"是"物性"的集成和发扬。

那么，"物性"又是什么呢？这就必须从头说起了。世上原本没有"物"，在宇宙发生以前，"物"可能只是某种能量分布状态，爱因斯坦的质能互换方程 $E = mc^2$（E 代表能量，m 代表质量，c 代表光速）大约就是对它的写照。譬如，所谓"原子能"，就是指由千分之七的原子核质量转化释放的能量。由于处在这个阶段上的"非物质"或"前物质"极度稳定，它不需要有任何属性，因此一切物理的或数学的探测方法到它那里都一概失效，是谓"奇点"。宇宙大爆炸其实就是能量转化为质量的过程，同时它也启动了分化衍续的自然进程。

最原始的物质形态是基本粒子，它成为宇宙中所有物质的基本"质料"。也就是说，此后一切演化而来的东西都不过是基本粒子的暂时表现"形式"或临时寄居"空壳"。譬如原子是粒子的寄居壳；分子是原子的寄居壳；细胞是分子的某种编码形式；有机体又是细胞的寄居体；最后，社会是有机体的寄存形态；如此等等。这就是亚里士多德"从质料到形式"的哲学猜想，也就是20世纪科学发展打破物类界限的所谓"万物一系"的道理。奇怪的是，恰恰是这些"形式"或"空壳"具有越来越多的属性、能耐或智慧，而且，属性越丰、能耐越强或智慧越高的物态或物种，其存在效价或生存力度反而越衰微。换一个表述方式的话，也可以这样说：自然物态的进化演动，倾向于将后衍的高级物种抛入日益加深的生存危机和生存焦虑之中。

其他方面的问题姑且不谈，我们现在先来考察一下有关"生存焦虑"趋于深化的原因。

　　自宇宙勃发以来，世事始终是分化演进的。从粒子、原子、分子到生物，物态种类变得越来越丰富。这个以几何级数或指数递增的方式暴涨起来的物类，成为一切后来者难以处置的巨大麻烦。因为分化无异于致残，而残者必求互补，属性就被这互补的要求所激发。譬如，粒子一旦分化，电磁感应属性等物理作用力随之发生，作为残体的各个粒子便要借助此类属性，将自身聚合为原子乃至分子。再譬如，细胞一旦分化，作为残体的各个细胞便会生出某种类似于免疫识别能力的辨认属性，从而又将各分化者收拢为一，是乃"多细胞有机体"。也就是说，分化者具有某种永恒的回归为一的倾向。"分化"造就了"条件"，"条件"造就了"依存"，此一分化者必成彼一分化者的条件，任一分化者在失去作为自身条件的其他分化者时都难以独存。分化进程使条件递繁，条件递繁使属性递增，属性递增又使依存的要求愈发强烈，条件化的自然演历就这样令层层进化的物种步步坠入"有条件存在"的无底深渊 —— 从而使一切后衍者变得越来越焦虑，越来越贪婪！

　　贪婪因此成为人类不可缓和的心境，因为这心境原本就建立在不可化解的自然处境上。一句话，人性(人的属性)是物性(物的属性)的传承和发扬，人性中贪欲的深化程度与自然物演的条件化程度成正比。如果你是一个质子，则你的贪欲只限于获得一个电子就足以令你稳定在氢原子的存境上(氢原子由一个质子和一个电子组成)。如果你进化为氦核(由两个质子与两个中子构成)，则你的贪欲必将上升到获取两个电子才行(氦原子的K壳层电子数为2)。如果你还不甘寂寞，又让自己进化成碳核，那么，你的贪欲就有些不好遏制了。首先你得竭尽全力地为捕获6个电子而奋斗，非此不能成全自身的元素"物格"(相对于"人格"而言)；然后，由于你的外壳层电子数仅此尚未达到满足(L壳层电子数的满足值为8，碳原子为4)，你还得再去挤抢其他元素的外壳层电子，由此形成有机化合物；到了这一步，你想清高也清高不成了，因为有机分子是很难稳定的，它逼迫着你必须贪得无厌地追拉其他各种元素甚至同类碳元素，结果终于演成生物大分子乃至原始低等生物。从此，你的贪欲一下子跃迁到生物代谢的高度，并随着生物的进化而越来越贪心万丈。直到有一天，你变成了人，贪欲也达到极致——作为人，你贪无餍足是因为烘托你生存的条件太多，你只有借助强烈的贪欲才能在支撑自身生存的条件海涛里沉浮，假若你超然物外，不求进取，你就会失去做人的资格——"贪"由此而被奠定为人性中根深蒂固的基层规定。

人处在物演进化序列的最后端，亦即飘浮在条件分化量最纷绘的至高处，因此他的属性也就最丰满。这属性早已从理化状态的"感应"、经由低等生物的"感性"、高等动物的"知性"而发展到人类独有的"理性"阶段。然而即便是这个"理性属性"，它也和当初无机物态的"感应属性"一样只是为了获取自存的条件，此外别无任何其他的意义。而且麻烦之处在于，感应属性足以让理化物质占尽自身所需的全部条件，就像作为氦原子核的质子满足于占有两个电子那样。可是到了人，他即使用尽自己理性属性的浑身解数，也仍然无法达成满足，因为这世界上的所有分化物全都是他的依存对象，而他又不可能同时占据如此之多的对象全体，这不免使他随时陷于如下两种窘境：条件太过杂多而致"烦忙"无休；条件占之不足而致"烦神"不已；于是——"烦"也就被弄成了人性中无可消解的心理状态。

出于同一机制，宇宙的条件化演进，必使越后衍的物种其存在度越弱，这种情形是典型的累卵之危。每一个条件就象是一枚鸡卵，你需要的生存条件越多，相当于把众多鸡卵垒得越高，你置身于那高高叠起的累卵之上，心里岂能不疑惧忐忑！倘或其中的某一个必需条件突然崩溃，就像那叠罗汉似的某一鸡卵骤然碎裂，你的整个生存基础不免立刻轰然坍塌。更何况，世事纷纭，变幻无常，所变者，无非是生存条件的消长不定。这是一个很简单的算术问题，假设在日常生活里，各种内外条件发生变化的概率是万分之一，那么，如果你的存在方式简单得像分子物质一样，譬如说所需的各种依存条件总共只有10项，则每1000天才可能发生一次冲击；如果你的生存方式复杂得像一只动物，譬如说所需的各种依存条件共有100项，则每100天就会发生一次让你不得不对生活有所调整的变故；进一步讲，如果我们文明人的生存条件随着科学技术的日新月异而增长到10000项以上，那么你将每天都得面对一桩令你心惊肉跳的变局，此情此景，怎能叫人泰然处之？——"畏"就这样逐渐沉淀为人性中与生俱来的情愫之一。

对于衍存条件必趋繁化的自然演历，人们通常非但不能理解其间潜藏的可怕涵义，反倒为之大唱赞歌，这真是一幕上天戏弄人类的绝佳表演。所以，当你看到身为东方亚圣的孟子赞叹"万物皆备于我"时，你不要以为那只是孟子一人的浅薄，他其实代表了整个人类的盲目无知。古希腊哲人普罗泰戈拉干脆说得更加狂妄："人是万物的尺度"，仿佛万物的存在或不存在都要由人来摆布和衡量似的。殊不知，这话反过来说可能会显得更恰当一些：万物演化的齐备状态正是人类生存危机的天然尺度！

上述三者——即"贪"、"烦"、"畏"——其实就是人类生存效价式微的内质虚弱指标，或者说，是物性动摇的人格化体现。它们相辅相成地建构起人类"生存焦虑"的基本框架，并把这种导源于"物性"演化流程上的阴影彻底烙在了"人性"的最深处。有鉴于此，你对改善或疗救人类贪婪的本质、烦躁的心性以及懦怯的痼疾还能抱有什么指望呢？

6. "快乐公式" 题解

> 不但幸运本身是盲目的，而且使享用它的人也成为盲目的，世上没有比交好运的白痴更不可容忍的了。
>
> **西塞罗**

> 心灵的快乐就是对肉体快乐的观赏。
>
> **伊壁鸠鲁**

> 我们通常得到的欢乐总是不如我们期望的那样动心，相反，我们所遭遇的痛苦却比我们预料的更为深重。
>
> **叔本华**

> 幸福不过是一场梦，不幸才是真实的。
>
> **伏尔泰**

何谓"快乐"？何谓"幸福"？这是一个很少有人能做出回答的问题。可奇怪的是，每个人的日常行为倾向都无一例外地锁定在这个幻影般的目标上，仿佛它近在眼前，仿佛它不言自明。结果呢，终于人人都收获了一箩筐酸甜苦辣的大杂烩，其间充满了失意和落魄，却唯独找不见多少快乐和幸福。有时候，你一不留心，居然临机逮住了纯净的"幸福"，那通常必定是某种"喜出望外"的侥幸所得，譬如是"癞蛤蟆吃上了天鹅肉"的痴心恋爱，或者是"黄河之水天上来"的滚滚财源等等，不过，我劝你此刻还是赶紧警惕起来为宜，须知它不过是一笔额外的债务，期限一到，你恐怕免不了得连本带利地加倍偿还，要么堕入失恋的深渊或悍妇的魔爪，要么沦为守财的奴隶或强盗的猎物，无论如何，反正你当初的那点儿快乐总归要被后来的痛苦给抵消得一干二净，只怕追悔都来不及哩。所以，古人云"知足者常乐"——这大抵成为"乐"不起来的人的一种自我解嘲——现代经济学家还给它编排了一个似乎可以精确计量的公式：

$$Hap = \frac{Inc}{Des}$$（快乐＝收益÷欲望），意思是说，收入越高越快乐，但如果收入有限，那就只好靠缩减"欲望分母"来提高"快乐值"了。然而，据我观察，凡把欲望压扁了的人，自己的"快乐"大概也干瘪得跟"无聊"相差无几了。

那么，还要不要追逐快乐呢？追你尽管追，但你最好事先能搞明白这般苦追的结局，也免得将来只追上了一个失落感挂在心头晃荡。因为，说到底，"快乐"只不过是一种心理感受，它应该和你的实际行为或行为后果无关。倘若不是如此，即"快乐"竟然呈现为某种"实物"，那么谁又会不把它买回家来，吞入腹中，好让自己整天裂开嘴巴乐个没完？

既然快乐与否只是一个心理现象，我们就得讨论一下心理学的基础问题，即"心理态势"究竟处在总体精神存在的什么位置上？以及，处在某个特定层位上的心理现象，其代偿作用是什么？其运动机理如何被规定？

先来看一个最简单的神经生理学实验：给动物活体神经以一个持续的强刺激，譬如用电流刺激青蛙的坐骨神经，你会首先看到一个高耸的神经兴奋峰电位，但随之而来的是这个电位

图向相反的方向扯动，并相应发生一个过度抑制的周期，即便
那个最初引起兴奋的刺激尚未撤销也罢，此种现象有人称其为
"负诱导"。随后经过一个短暂的麻痹不应期，该神经部位又会
对通常不能引起冲动的极弱刺激产生一个较强的兴奋电位，叫
做"超常期"反应。这表明，神经系统有一个相对固定的兴奋
模式和活动区间。一般情况下，它保持在某种中间紧张状态，
我们可以把它简单地称作"神经张力"。这个稳定的张力基态使
生物得以维系自身正常的对外反应。也就是说，神经活动不能
长时间地留守在兴奋或抑制的任一极点上，过度兴奋就会引起
超常的抑制，过度抑制又会引发超常的兴奋。实际上，它反映
了整个神经系统包括中枢系统的基本运作状态。严格说来，心
理活动无非是一系列低智情绪活动的总和，它的控制中心位于
大脑高级皮层以下的丘脑网状系统。所以，每个人的常态心理
都必然保持在这条无苦无乐的"无聊"基线上，无论他生活条
件的优劣状态如何。换言之，任何引发快乐感受的心理刺激同
时也就为相反的心理动势做好了铺垫，反之亦然。于是，表观
生存状况极优越的人与表观生存状况极恶劣的人都同样备受种
种"苦恼的煎熬"和"欢乐的鼓励"，俨如一个饿汉获得一口粗
食所引发的快感一定不亚于一个富翁奔赴一席华宴所带来的愉
悦。在贾宝玉看来，他的欢乐一点儿也不比刘姥姥的多，虽然
在刘姥姥眼中，宝黛之流一定永远乐不可支，何曾想到他们照
样整日里唉声叹气甚至以泪洗面。

依此看来，心理波动一定具有某种重要的感知属性效应或
精神依存功能。这个效应和功能就是把动物的知性识辨系统发
挥成一系列简捷高效的判断反应，它就像是一个趋利避害的主
观"指示器"或精神"调节器"，借以实现生物依存反应的生理
机能调动。譬如一匹狼，它若看见一只野羊，立刻会产生心理
上的兴奋和冲动，无需进行复杂的逻辑推理，也无需进行捕猎

前的热身活动，眼下，这种发自大脑古皮层边缘系统和丘脑情绪中枢的心理愉悦反应，会及时放散到整个神经系统的各个相关部位，从而使心跳加快，呼吸急促，血压升高，脉管扩张等等，这些造成供氧量增加的生理措施为运动肌的力量爆发做好了全面准备；反之，倘若它随后又撞见了一群狮子或老虎，痛苦的心理恐惧同样会为它做好这类体能调动，以便它可以敏捷地逃生。这些判断是在情绪层面上迅速完成的，而且在完成判断的同时也就实现了动作反应的瞬间协调。试想一下，假如狼由于捕到了一只羊就陷入了某种无边无际的欣快汪洋之中，以至于它的神经心理反应始终维持在亢奋迷醉的高张力低应激状态，那么，这匹可憎的狼连同它吞下的那只可怜的羊一起，岂非转眼就将变成狮虎鬣豹的腹中物？进一步讲，如果狼的快乐开怀心理全都是这般的持续高涨，恐怕狼这个物种早就已经被自然选择机制淘汰得干干净净了。所以，在日常社会生活里，那些胜不骄、败不馁、喜怒不形于色的人，也就是天生的心理反应类型比较沉静的人，更容易应对复杂的环境挑战，也更容易取得竞争上的优势。其根本原因就在于他们的心理禀赋能够相对稳定的保持在最佳反应状态的无聊基线上。这就是心理学家为什么要说，"情商"比"智商"更具有个人素质意义或品行修养意义的道理所在。

再往深里看，我们会发现，生存力度越高的物种，其心理波动幅度越小；反倒是生存力度越低的物种，其心理波动幅度越大。先看非生命物质，它们的感应属性虽然极其低下，也根本谈不上什么"心理波动"，但它们无疑是宇宙存量最丰、衍续时度最长的恒稳物态；原始低等生物譬如海绵、水母和鱼类，它们的感知能力微弱，心理状态平滑，即时常处于悠然麻木的无聊情境中，于是，它们稳定生存了数亿年光景而迄今不衰；进化到脊椎动物乃至哺乳动物阶段，它们已经开始呈现出明显的心理波动反应，然而它们的绝灭速度骤然加快，尽管它们的智商大为提高也无济于事；人类当然是心理动态最复杂、最失衡的物种，他们大喜大悲，苦乐跌宕，以至于唯有他们动辄便会闹出"精神分裂症"之类的心理疾患，于是由此还造就出了一大群专职心理医师，而且人们目前正在倾向于越来越依赖这种特殊医疗，可他们还是要去追求快乐，寻觅刺激，仿佛唯恐让自己失落在无聊的稳态心境上似的。说起来，这真是天意使然，它其实表达着自然意志随物演存在度的降低而相应代偿的精神演运法则，亦即表达着主体意志随世间万物的分化而相应增强的依存颠簸态势。难怪叔本华要说："意志已出现于可见性，它的客体化是有无限等级的，有如最微弱的晨曦或薄暮和最强烈的日光之间的无限级别一样，有如最高声音和最微弱的尾声之间的无限级别一样。"（引自《作为意志和表象的世界》）不过，这种意志动量的趋强只使意志聚焦的难度增大，亦即使情绪波动的幅度加大，此外别无任何积极意义。

由此引申出两个问题：第一、那条呈现为"无聊"基态的"心理震荡回归线"是如何形成的？第二、心理波动幅度倾向增大的趋势能否给我们带来更多的快乐？

第一个问题不是三言两语能说清的，读者只需记住下面这个简单的道理：宇宙万物统统衍存在一个叫做"存在阈"的常量基线上，这个存在阈由不断下降的存在度和相应递增的代偿度综合而成，生物的心理基线就是这条自然物演基线的后延部分，它构成生物精神代偿和意志动量的天定基础，其间代偿增势的扩张幅度就变成心理波动幅度的半径空间。也就是说，自然界不由自主地把"物性"（物之属性）发展成了"性情"，把"物性稳重"发展成了"性情浮荡"，而"性浮情荡"正是一切低存在度的高等物种的共通禀赋。换言之，心理振幅的增大与精神代偿的增量成正比，我们没有任何办法不让自己被抛入这个颠簸日剧的心理波涛之中。有人承受不了这种震荡，于是就用自杀来寻求解脱，譬如叔本华和加缪就试图把自杀当作一个严肃的哲学问题来对待。这样一来，心理震荡是被解除了，但自杀者仍然灭归在这条基线上，只不过，从演运关系上看，他无非是把自己放逐到非生命物态的分子位相上去了而已 —— 是谓"生死等位律"。

看来，心理震荡本身就是一种莫大的痛苦，所以叔本华才说，生命意志只能像钟摆一样始终晃动在"痛苦"和"无聊"（"厌倦"）之间。不过，这实在是一个巨大的误会，他其实是在企求无震荡的快乐而不可得，因而便会说出那样的泄气话。殊不知一切"快乐"其实只能产生于这个颠簸不止的心理动势之中，因为心理震荡正是生物求存最基本的精神应激方式。所谓"快乐"，说到底就是生物趋利的情绪化生理冲动；所谓"痛苦"，说到底就是生物避害的情绪化机体反应。趋利的效果一旦达成，随后而来的利益即使源源不断，心理态势也必须恢复到可以再度敏锐反应的无聊基线上，所以，你的快乐感并不会因为收益不止而永不减退；反之，避害的警惕一旦形成，随后而来的危害即使驱之不散，心理态势也同样必须恢复到可以再度敏锐反应的无聊基线上，所以，你的痛苦感亦不会因为麻烦无休而常驻心头。再说，处在快乐心境下的人最容易遭受痛苦的反击，因为，从客观指标上看，即使他并未遇到麻烦，仅仅由于固有的利益略微减少，他就会感到损失惨重，结果弄得痛苦无比；反之，处在痛苦心境下的人最容易蒙受快乐的笼罩，因为，从客观指标上看，即使他并未交上好运，仅仅由于固有危害略微减轻，他就会感到受益明显，结果乐得如沐春风；这种情形与神经生理学实验中的"负诱导"现象以及"超常期"反应如出一辙。总之，一方面，任何人都不得不让自己的日常心态处于天演而成的无聊基线上，这一点谁也逃不掉；另一方面，任何人的心理波动都必然围绕着这条基线上下震荡，而且其平均振幅并不会由于客观处境的不同而缩减或膨胀，这一点谁也不吃亏。换一个表述方式，即是说，心理波动的轨迹类似于一条围绕着中值回归线上下起伏的正弦曲线，它的正负值恰好相抵为零，从而使自身在总体上最终完全表达成那条无法超脱的无聊基线 —— 是谓"苦乐均衡律"。这就是上列第二个问题的答案。

讲到这里，我们已经给出了全文的题解，也就是从哲学的深度上纠正了经济学家有关"快乐公式"的计算误差。它的结论是：无论你怎样挤破脑袋，奋争不止，你都不会获得更多的纯粹快乐，每个人最终收获的苦乐量比注定是完全相等的，其等值关系竟是这般得无可挑剔，以至于它们全都归结在一无所有的零数上。而且，惟因如此，你才得以生存下来，并得以追逐那个虚无缥缈的"快乐"。也许，你会发问：那么，人们为什么还要身不由己地向上竞争和追逐快乐呢？这正是人类的可笑之处 —— 须知我们承载着自然的意志，倘若我们歇息下来，难道叫"天道"也止步不前？所以，即便我今日说破了"天机"，你也休想安宁下来，你活一天照样得拚搏一天，决不至于弄出什么"虚无主义"的不良后果。"快乐"和"幸福"俨如挂在驴子眼前的一根胡萝卜，你固然未必能一口咬住它，但正是由于这种可望而不可及的引诱，你才会马不停蹄地死盯着它不放。实际上，我根本无法为可爱的虚无主义辩解，恰恰相反，我只能告诉你"为什么你想虚无也虚无不成"的天定道理或自然规定 —— 这才是比上述可笑更深刻的悲哀和讽刺！

7. 惟求存在与通权达变

> 存在之为存在，这个永远令人迷惑的问题，自古被追问，今日仍在追问，将来还会永远追问下去。
>
> **亚里士多德**

> 玄而又玄，众妙之门。
>
> **老子**

> 难道人，难道诸多民族只是胡乱跌进这大千世界而到头来又被甩将出去？抑或并非如此？我们非得问个清楚不可。
>
> **海德格尔**

> 宇宙有没有任何统一性或目的呢？它是不是朝着某一个目标演进的呢？究竟有没有自然律？或是我们信仰自然律仅仅是出于我们爱好秩序的天性？
>
> **罗素**

人是很花哨的，这大概与他本身就是一朵在自然物演进程上绽放开来的娇柔之花有关。在诗人看来，花是艳丽和芬芳的化身，然而花自己绝不敢有那些多余的浪漫情怀，它的色彩和香气只是为了引诱昆虫来帮它授粉传代，而不是为了给人类装点世界，所以它长满棘刺以拒绝你的欣赏和伤害。人有时还没有花儿清醒，他常常搞不明白自身禀赋的实际用场和发生根源，居然自己欣赏自己，然后接着糟蹋自己。

譬如，对于任何动物来说，味觉都不过是一种能源指示器，你品尝某物香甜，大多是由于你的机体正需要或缺乏其中的营养素；反之，你品尝某物苦涩，大多是由于它含有可能危害于你的毒素；不是那东西本身就具有或苦或甜的天然味素，而是你的感觉器官必须把它分辨为或弃或取的选择对象。换言之，你的味觉设计并不是为了让你探求物本身的性质，而只是为了达成对你自身生存的维护。所以，但凡是既无益也无害的东西，例如木头，你咀嚼起来就无苦无香，只觉得乏味；也所以，面对同一污物，你虽避之唯恐不远，但苍蝇一定认为它才是真正的美味儿；显然，不是对象发生了变化，而是你和苍蝇的生理需求及感官构造有所不同使然。达尔文的父亲是一位医生，他深通上面所说的道理，因此从不主张病人忌口，反而鼓励病人去吃任何自己想吃的东西，甚至当病人痛苦难当时，就索性让病人在他面前放声嚎啕，因为哭泣也同样不过是一种生理保护机制罢了。回头再来看人类现在造出的种种味素和香精，它虽然可能调香了你的舌头和鼻子，但却遮蔽了你的天赋判别能力。或许，那香味底下所掩盖的，正是你原本需要逃避的某种损害也说不定。

人毕竟只是一种动物，动物的任何品质都具有特定的求存意义，而且唯其有利于求存，这些品质才能在自然选择的作用下被保留或发扬，尽管高尚的人类总想对这些生物禀赋给出某种道德等级的划分，其矫情之状足以令鼠辈作呕。早年有人观察到，老鼠遭遇蛇袭，总是立刻吓得呆若木鸡，一动不动的等待它的天敌拿自己来饱餐一顿，于是鄙夷之情油然而生，"胆小如鼠"的贬语中外通行。以后生物学家发现，凡是呆立不动的老鼠大多有望偷生，反倒是落荒而逃的老鼠一定被蛇吞噬。原来蛇的视力极差，昏暗中巍然屹立的鼠身俨如一尊僵石，再笨的蛇也不肯冒险用自己的唇齿去碰壁，蛇会在那里守候片刻，静观那尊石影是否窜逃，逃则影动，动则为食，一嘴之劳，斩获不菲。就这样，遇蛇奔命的勇鼠基因逐渐被淘汰无遗，只让那些被吓得半死的怯鼠之孽种广布于天下。可以想见，倘若鼠群中偶或也冒出了一两个屈原李白似的骚客诗仙，它一定会把老鼠世界里最美好的辞藻统统奉献给那帮被吓瘫痪的家伙，说它们遇险不惊，沉着如山，接着还要指责那些勇于转移的鼠中鬼雄全都是鲁莽的懦夫，因为它们的无辜送命虽属活该，死不足惜，然而它们献身养壮了鼠类的天敌，却是一个不可饶恕的罪过，自当予以严厉的申斥。再后来，就连我们那位机智过人的著名侦探波洛先生，想必也不敢忘记鼠辈们的逃生策略和道德评价，当他在尼罗河的游船上险遇毒蛇时，照例只向同行的助手发出救援信号，静等别人前来助战，自己是绝不肯遵循人间的说教和误导而逞一时之勇了。

世间万物，各有千秋，或者说，各有不同的属性代偿，但任何属性都只是为了达成载体的求存，并且都只是由于不得已才变通缔造出这种种代偿产物。动物的智能也不例外。让我们先来看看作为智能之基础的神经系统是如何形成的：单细胞生物依靠自身广大的细胞膜来与外界发生物质和信息的交流，之所以说它"广大"，乃是由于任何物体，如果把它分割得愈细，则其单位体积所占有的表面积值就愈大，若以人体的"面积/体积"比值为一，则像大肠杆菌那样的单细胞就达30万左右。这样一个小体积、大面积系统自然特别有利于细胞内外之间的代谢沟通，细胞膜上微孔斑斑，通透性很强，这相当于它们浑身上下长满了通天的嘴和眼，所以单细胞生物具有无与伦比的生命力。单细胞原生动物（如变形虫）一旦进化成多孔动物（如海绵）或腔肠动物（如水螅），多细胞之间的聚合随即导致细胞膜遮蔽，好在此刻的细胞排列还只有两层（双胚层），各细胞的部分质膜尚可暴露于孔隙或腔管中，因此尽管全体细胞已不能不使自己有所变形，但神经系统暂且可以不必赘生；等到再进化一步，变成扁形动物（如涡虫），细胞的集聚发展到三层以上（三胚层），相当一部分细胞就被彻底封死，至此则各细胞的分工必须细化，不同的生物组织由以创立，为了协调各细胞各组织之间的营养配置和功能配合，有些细胞只好演变成神经元，并互相联络构成神经网，最原始的神经组织就这样应运而生了。尔后，这神经网会随着物种机体的复杂化演进而逐步形成周围神经节、低级神经中枢乃至高级神经中枢，但无论如何，它的进化发展都只是为了与有机体的生理结构和生存形势相匹配。

一旦有了神经组织，动物们便会玩儿出许多花招，其中之一就是审时度势、通权达变，譬如我们上面讲述的耗子戏蛇之类。但你千万不要误会，以为这随机应变的本领一定都是运用智慧的结果。实际上，运用智慧倒是经常出错的，故有"聪明反被聪明误"的说法。真正的聪明大抵出于"无智无识"的自然造作，就像那处惊不变的老鼠，并非因为它事先通晓蛇的视觉生理学才狡猾地选择了佯装静物的举措，而是它那个遇到过度刺激就紧张痉挛的基因编码成全了它的性命。这完全是自然造化和自然选择的聪明，而且是真正至高无上的聪明，须知人的聪明仅限于运用神经和智慧，而自然的聪明却在于缔造神经和智慧。

值得特别强调的是，正是这个缔造一切的自然睿智，始终遵循着两项最基本的法则：一乃"唯求存在"；二乃"通权达变"；前者是变通的根据，后者是求存的手段。所以，在生物进化的闹剧开演之前，先有一场分子进化的序幕出台（从无机化合物到有机化合物、再从有机小分子到生物高分子）；而在分子进化的序幕升起之前，又有一阕原子进化的序曲在先（从氢原子逐步循序衍生出化学元素周期表上的其他种种天然元素）；如果再加上粒子进化的宇宙开幕式（从夸克、轻子及玻色子到质子、中子乃至所有亚原子核子等）；则真可谓是天条煌煌，一以贯之！

也就是说，我们必须首先打消一个十分常见的误解，以为只有"人"或"活物"才有求存的问题存在。其实非生物亦有，只不过是以另外的方式——即自在的方式——求存而已。这个求存的方式就是在面临失存之际变换自身的存在形态，从而也变换了自身的求存方式。换言之，物之变态盖由于物亦有"不变通即不足以存在"的"苦衷"，人类的通权达变之能无非是秉承了"识时务者为俊杰"的"物性之狡黠"罢了。

"唯求存在"——这是通解世事和宇宙演化的唯一钥匙！"变化"是"存在趋于失存"的必须，"存在"是"衰变以求存续"的流程。自古以来,哲人们始终搞不清"在"之永恒与"变"之无常的关系,所以才把哲学上的"本体论"问题搅成了一锅粥。毕达哥拉斯的"数"、赫拉克利特的"火"、柏拉图的"形"或"理念"、乃至于黑格尔的"绝对精神"等等，这一切企图在"永恒"与"流变"之间寻求"存在之本原"的努力，终于全都陷进了混乱的漩涡。以至于二十世纪的海德格尔，只好从演成"此在"的人性中去敞示"存在"，结果更把"人"本身的问世弄成了无本之木或无源之水。看来，人类的理智是经不起拷问的，因为他们中间最杰出的思想家尚且说不清"为什么存在者在而无却不在？"（莱布尼茨语），那么，作为人类中的一分子，你还能说清什么是"存在"？什么是"演变"？以及，什么是"人"吗？

8. 另论"可怜天下父母心"

你们中的少年可以想象神，
而你们中的老人则只能梦见神。

《圣经》

拿宇宙的总体时间尺度来测算，
子裔的代代相传正计量着地老天荒
的进程，所以儿孙一定要比长辈更
趋近于苍老的极限，不是吗？

子非鱼

父母的欢欣是秘而不宣的，他
们的忧愁与畏惧亦是如此。他们的
欢欣他们不能说，他们的忧惧他们
也不肯说。

弗兰西斯·培根

智慧之子使父亲欢乐，愚昧之
子使母亲蒙羞。

所罗门

所谓"可怜天下父母心"，通常是指做父母的苦心养育了儿
女，做儿女的却忘恩负义，不思孝敬。这话一听便可以断定是
中国人的专用语，非但西方人不会有此牢骚，就连同样身为父
母的动物们也不会生出这种伤怀。

这句曾经感动了不少国人的佳话——俨然一腔孔子孝道的现代变调——大约的确没有多少道理。因为"道理"二字，在严格的中文概念上，应该是指"天道之理"，而天道恰恰是不会为"父母心"生出恻隐之情的。按照生物学上的自然规定，任何物种的亲代与子代之间，都必须遵循利他行为的不对称原则，即父母投向子女的情感和辛劳等这样一类生物资源，一定远远大于子女回报父母的部分。因为，一方面，子代弱小，不予照应则不能存活；但更重要的还是另一方面，子代的预期寿命和繁殖潜能远远大于行将衰老的亲代，只有将一切可以调动的生物资源尽量施予子代的物种，才能在严酷的自然选择之下得以存续。所以生物的寿命一般不超过生育期的结束，当然也就来不及闹出子女不孝之类的怨愤，唯有人类才会不顾一切地追求长生不死，这倒真是一个令生物学家百思不得其解的怪现象。依此类推，人类的文化情怀自然也应以侧重于儿童为宜，使之形成这样的社会环境：老年的坟墓，中年的战场，孩童的天堂。若是不巧弄成反局，偏偏叫老年人顺心如入天堂、让儿童们拚搏如上战场、然后刚好把空出来的坟墓留给中壮年，则此种社会的文明气脉合该休矣！

中国的文化自古以来就有些老态。我们比较讲究"吃"，子曰："食不厌精，脍不厌细"；西方人特别关心"性"，说什么"生命诚可贵，爱情价更高"；前者吸引老年人，后者魅惑青年人，这是一望而知的。即便光说"吃"，东西方也有很大的差别：我们的吃法，酸咸苦辣无所不包，口味之重，仿佛昏老的舌头不给足刺激就引发不出食欲似的；西方的吃法，油腻甜淡，以甜为著，恰好适合儿童的兴致，所以大凡带过孩子的人都知道，无需训练，小孩天然就愿意光顾肯德基一类的西餐店。撇开生活小节，再来看内里的心性，则更是让人不敢恭维，中国人一个个多虑沉稳，城府高垒，一派未老先衰的僵滞神态；西方人则显得率性天真，轻浮坦直，成年了还脱不净一股稚气；所以，与西方相反，东方文化古往今来总体上一直有些偏向老迈，注重孝道，崇尚权威，压抑竞争，轻蔑新奇，因而特别容易去关怀"父母心"。只有处在现代国史开端上的鲁迅先生略微显出了一点儿例外，他曾大喊：救救孩子！并辛辣地嘲笑道：父亲的话大约总是对的，儿子的话却早在未说之前就已经错了！这应该算是国人第一次产生了"可怜天下儿女心"的情怀——结果，恰与自然律相合，我们的国运一路衰落迄于这个契机，才又开始重新点亮了气运回转的微光。这可真是道法无违呵！

不过，这样讲还不足以澄清代际纠葛的是非原委，为此，我们有必要追究一下"祖宗家法"的原始成因。最早做起父母的，当属原始单细胞生物，不过那时的高堂，实在端不硬尊老的架势。单细胞无性裂殖，一分为二，子代刚刚问世，便与亲代别无二致，这不仅是因为它们之间的基因组型100%的相同，不像后来的两性繁殖，子女与父母的基因分别只有50%的承传关系，更重要的在于，此刻的生命，生存效价或生存度极高。它体现在两个方面：一是繁殖能力特强，它们可以每隔20分钟就增殖一倍，如果给予理想条件，只需72小时其体积就会变得比地球还大，这就使得亲代尽可以不必关心子代的成活率高低，也不至于弄得断子绝孙；二是养育过程简单，子代一旦形成，立即具备亲代的全部生活能力，因此它根本不需要亲代的抚养，当然也就谈不上孝敬爹娘的义务，相应地，亲代自然无需什么父性母性之类的东西来催促它们照顾子女。大约只在这个时期，两代之间才可能平等相处，互不干涉，也断不会发生代沟问题的麻烦和困扰。

随着遏止不住的物种进化，卵生鱼类渐成主角。此时两性趋向分裂，隔代之间相貌有别，子女再看父母，已见老态毕现，觉得它们远不像自己那样娇嫩漂亮，但父母看待子女业已生出一丝爱心，所以雄鱼求偶，总得做出能为雌鱼育出后代的样子才行。不过此刻的父性母性仍然很差，它们只管排卵于体外，授精于水中，然后各自扬长而去，至于儿女的死活，那就完全听天由命了。不待说，两代之间能够如此漠然置之，当然还是由于它们总体上的生存度仍旧偏高所致。再往后，情形就有了明显的不同，爬行类动物虽然还算是体外卵生的物种，但机体的复杂度大为提高，亦即生存度愈益衰减。子代孵化出来，不能直接具备独立的生活能力，这就需要有母性来催发亲代的育后行为过程，也需要子代产生相应的依恋之心，两代之间的亲情从此滋长起来，到这时，倘若谁还敢伤害小恐龙，想来老龙是绝不肯善罢甘休的。及至哺乳动物诞生，情况就显得严峻起来了，儿女的养育先得经过一番体内的怀孕和痛苦的分娩，接着再让母亲用自身分泌的乳汁哺养一段时间，这两个极为麻烦的过程随着物种的进化不断延长，直到断了奶也不能宣告罢休，亲代还得继续辛苦照管子代的生活，教会它们求生的技巧，……抚养之劳，不一而足。到了这一步，两代之间的亲情自然越发密切，甚至亲代之间的配对儿也因本能地关心后代养育问题而变得挑剔起来，父性母性由此获得充分发展，以至于生养孩子可能变成有意识的生活目标，只可惜动物们暂时还不会念叨什么"不孝有三，无后为大"之类。当然，亲代对子代的压制此后也不免弄成变本加厉的局面，这实在是一件情有可原的事情，因为眼下的父母已无法容忍子女比它们还要笨拙的现状，原因大概是，它们自己活得太不是滋味儿了。

这个过程在人类的文明史上还会继续深入贯彻。譬如，养育行为变得越来越复杂，教育周期变得越来越漫长，早年，多一个孩子只是多摆一双筷子，而且养到七、八岁他就可以帮你干活谋生，现在，多一个孩子比多一个白吃饭的你自己还叫人受不了，而且养到30岁他的博士后可能还没有毕业，也就是说你的苦役总是没个尽头。这还不能算完，倘若万一养出了一个全无出息的废物或凶神恶煞的孽障，那你就算把今辈子都给提前报销了。还有一个问题也着实令人头疼，那就是代沟的加深和代际战争的日益白热化，由于上列演化进程表现为加速度的运动方式，结果势必造成两代之间在生存形势和观念形态上的距离日益拉大。而且，你的孩子越聪敏，越无落伍之嫌，这个差距就越昭彰，代际战火就烧得越旺，也就是说，即便你有幸撞上了一个基因构型比较出息的后代，你的那颗"父母心"照例免不了被弄得酸溜溜的。

看来，"父母心"还是应当体谅的。但根据上述，导致父母心碎或心酸的主要原因却并不是儿女造成的，这完全是老天爷在捣鬼，或者说，是自然进化在造孽。好在这造孽的结果终于还算公平：它不仅让做父母的越来越困顿煎熬，并倾向永无宁日；也让做儿女的越来越备受压迫，而且还难以成人。再说，做儿女的迟早有一天可能会变成做父母的，于是，老子的冤屈自有孙子代为雪恨，到头来这一大家子谁也用不着抱怨谁。

9. 苦海有边 回头无岸

> 须菩提，南西北方，四维上下虚空，可思量否？
>
> **释迦牟尼**

> 凡所有相，皆是虚妄。若见诸相非相，即见如来。
>
> **释迦牟尼**

> 我们就像田野上的羔羊，在屠夫的注视下恣情欢娱。
>
> **叔本华**

> 我只担心一件事，就是怕我配不上我所受的苦难。
>
> **陀思妥耶夫斯基**

佛教上所说的"苦海无边，回头是岸"，是指你若不虔心修佛，回首看空，只怕死后亦不得安宁，除了有地狱在等着煎熬你之外，灵魂轮回，下一世还不知要怎样地做牛做马。好在这种危险，信则有之，不信的话，则暂时倒也还能混得过去。我这里所说的"苦海"与"回头"，却是在现世里睁眼等着你的，不过，恰恰相反，它是要你最好远离了这个思境，不去琢磨修炼，或可无识无悔，只可惜人总有一种求知的冲动，结果常常堕入其中，最后还找不见回头岸。

康德就曾追问过这个眼前世界的边际问题，这一问，问出了他那著名的四组"二律背反"的第一组，正题是：世界在时间和空间上有开端；反题是：世界在时间和空间上无开端。这两种说法在当时看来都属于公认的正确命题，所以，康德得出结论，说过度用智——譬如超出"知性"去运用"理性"——只能导致谬误，而且还是一个让你无处登岸的谬误的海洋。

按照现代宇宙论，上面那个正题似乎是正确的，但这样解答已经不是康德问题的原意。须知康德所持有的是牛顿的绝对时空观，即，时空只是容纳万物的空壳或感性直观形式，就算你把万物拿走，时空照样存在，至少对作为认识主体的人来说它照样存在。所以康德的问题实际上是要问存在本身有没有个起点。而现代宇宙论却依据爱因斯坦的相对时空观，说时空是宇宙大爆炸的产物，是质量物态的特定属性之一。在康德看来，这只等于偷梁换柱，因为如果你可以这样取巧回答，那么康德也可以换一种方式另行提问：宇宙大爆炸前的那个能量状态的存在是否有开端？结果，你的新式理性照例不免陷于茫然。

看起来，这样设立问题既不会有任何确定的答案，也不会有丝毫实际的意义。那就让我们在理性可以合理运用的范围内来重设这个问题：既然宇宙在时空上是有限的，那么，不用说，现实中各式各样的宇宙物态，就其时空分布和演化动势而言，也就是相对的和有限的，可称之为"有限衍存区间"。仔细考察一下的话，你会发现，在这个有限区间内，愈原始的物存形态，它的空间质量分布愈大，时间延续分布愈长，譬如存在于恒星中的粒子和原子物态；反之，愈后衍的物存形态，它的属性代偿愈益丰化，能耐和灵性愈见增长，但它们的时空分布——亦即它们的存在效价或存在度——却反比例地趋于萎缩，譬如新近进化的高等生命物种；而且，就存在度和代偿度的互动状态来看，它们之间明确地表现出某种反比线性函数关系，是谓"递弱代偿衍存原理"。即是说，随着生物属性或能动性的提高（代偿度升高），它的可生存性倾向逐步趋近于零（存在度降低），这就为人类的繁衍在世，划定了一个日益逼近的自然极限。这才是真正关乎人类生死存亡的大问题，它同时也就是康德所追究的世界边际问题，只是它已不再表现为一个空洞的时空概念，而是直接呈现为世界乃至我们自身为何（why）存在以及如何（how）存在的切近探询，我们可以将其改称为"物演效应"问题。它其实比佛教上关于"苦海无边"的假设要现实和紧迫得多，因为它把一条可怕的边界一下子推到了我们的眼前，而且可能还是一条让我们苦于无法化解的临界性难题——故此才说"苦海有边"。

进一步讲，从上述这个自然存在的物演趋势上俯瞰，我们有望真正探明人类自以为独具的两大属性或两大特征的渊源和本质，那就是关于"精神"存在和"社会"存在的问题。正是在这两个领域里，人类既获得了无穷无尽的自豪与欢乐，也惹上了无穷无尽的困惑和麻烦。

实际上，所谓"精神"原来不过是物质感应属性的代偿增益产物，它的发生脉络和构成层次如下：宇宙早期物态的物理"感应"→原始低等生物的直观"感性"→中级脊椎动物的本能"知性"→高等灵长动物的思维"理性"。这个进程使得愈后衍的物种，其主观（属）性愈多，感知对象的扭曲度或失真度相应也就愈大，因而导致它的生存反应情状愈来愈紧张不安、摇摆无定。

所谓"社会"原本不过是物质结构属性的代偿叠加产物，它的发生脉络和层级构成如下：粒子结构→原子结构→分子结构→细胞结构→机体结构→社会结构。由此不难看出，社会存在一定是于单细胞生物问世之后就已见端倪，并随多细胞有机体动物的进化演动而渐次达成结构递繁的现状。这个进程使得愈后衍的结构，其能量消耗愈多，系统内部的联动关系和变数影响相应也就愈杂，因而导致它的结构稳定情势愈来愈动荡有加、崩溃在即。

基于上述，这世道只能是愈演愈苦，因为你的生存形势总不免会愈来愈糟，或者说，你的生存底气总是要被愈抽愈空。所以，按叔本华的说法，你的生存意志就会相应变得愈来愈强，借以维持你那日益薄弱的生存基础，或者说，用来补充你那泄漏不止的衍存气数。这意志强化的具体表现就是焦虑加深，就是行动加速，所以，你看，街道上行人的步伐越来越加快，工厂中工人的手脚越来越利索，学校里学生的眼睛越来越近视，衙门内官员的神经越来越紧张……。再往深里看：知识的更新速率越来越短促，这表明"真理"的含"真"量越来越减少；信息的翻倍数量越来越膨胀，这表明各信息的观照范围越来越狭窄；物质的消费欲望越来越炽热，这表明生命内在的支撑力度越来越空乏；社会的"进步"速度越来越加快，这表明由我们自身搭建起来并赖以为生的最后一层自然结构越来越动荡……。至此还不算完：科学发明的威力越来越强悍，这预示着我们消灭自己的日期越来越临近；生物技术的革新越来越离奇，这预示着我们把自身变成异类的前景越来越明朗；生产资源的消耗越来越巨大，这预示着我们将整个地球吃空掏净的那一天就要到来；生态环境的污染越来越失控，这预示着我们逃离自家绿洲而奔赴天外荒漠的日子为期不远了。一言以蔽之，我们的自然生活质量、心理生活质量以及社会生活质量都在不可遏止地下降，我们正在堕入水深火热的天演苦海之中，这苦海的尽头就是人类的末日，你说，这"苦海有边"的滋味儿是否比"苦海无边"还要糟糕？

尤其不妙的是，我们即便明白了这是一个不利局面，大概也无法使之发生改变，因为，似乎总有某种内外压力，会推动着我们停不下脚步。譬如，中国古代社会停滞不前，这本来未必是一件坏事，但1840年的鸦片战争，让你立刻品尝到保守求稳的辛酸，逼着你不得不瞬间改变态度，其情形如鞭策马，如火烧身，此后，看你还焉敢悠闲自在、只管一味的逍遥人生？再譬如，科技进步带来了工业污染、人口危机和生态灾难，但解决这些问题的唯一手段又只能依赖科学技术的进一步发展，你抱着改善科技用途的指望，殊不知这种指望注定要落空，然而，就算你认定了它是幻想，并决心抛弃科学的诱惑，倘若别人全不理会，照样拿科学造福自家，到头来，你既得失掉本来应有的利禄，还得遭受邻居污染的伤害，这种两头吃亏的买卖，想来谁也不肯做，于是大家只好一并造孽，哪怕最终同归于尽也无可奈何。

如此前赴无路，停脚不成，那么，"回头是岸"可是良策？我看大抵仍旧不行。姑不论人间既往没有先例，就是搬出自然演化的天书尽览无余，也找不见任何一个可学的榜样。我们只知道猴子变人，试问有谁见过人变猴子？世上偶或也会闹出一两例轻微的返祖现象，比方"多毛孩儿"或"先天愚型"之类，但他们的命运和气概似乎都要更差一些，绝难看到溺水者侥幸登岸的释然和亢奋。也就是说，茫茫宇宙历来只有一个单向度的物演路径，理性玩弄的辩证机巧在这里断无施展的余地，因此，倒退之举要么根本不可能，要么就比不可能还糟。有癌症为例：癌细胞其实就是"回头寻岸"的尝试者，它原本早已成为高度分化的上皮细胞，高分化上皮细胞的功能单一，增殖力下降，在人体组织里扮演着无足轻重的乏味角色，远不如低分化的胚胎细胞或干细胞那样，可以自由伸展，大量繁殖，并进而演化成多种类型的功能细胞，真可谓朝气蓬勃、前途似锦！然而，高分化细胞如果反过来向着低分化的方向逆行，则顷刻危及生命整体的系统平衡与有机协调，它非但不能获得低分化细胞固有的优势，反而会连带整个有机体为之陪葬。可见，苦海既有边，回头终无岸！——这才是我们面向"发展"的现世窘境，也是人类追求"进步"的天道报应。

临末，总得给人一个积极的建议吧。说来简单：要么，人类必须尽快地合并在一起，降低人口数量，削平内部竞争，抑制发展冲动，保持缓行平衡，如此颇像旧时倡议的大同桃花源或空想乌托邦，难矣哉！要么，各国各人好自为之，大家共勉奋勇碰壁，天命也！

这不由得让我记起中国古时的一则寓言，说一个人越跑越快，一心想摆脱掉那个紧紧追随在自己身后的怪影和脚印。庄子于是讪笑着说："不知处阴以休影，处静以息迹，愚亦甚矣。"——借此不妨反省一下，整个人类的行为倾向及其文明动势，岂不是正好愚蠢若此？

10. 哥白尼与内耳前庭

> 一个人若要运用他的理性，其目的惟在成为一个比野兽更具兽性的人。
>
> **歌德**

> 他们即便听到了它，也不了解它，就像聋子一样。
>
> **赫拉克利特**

> 巴门尼德说，是的，苏格拉底，那是因为你还年青。如果我不错的话，那么总有一天哲学会更牢固地把握住你的，那时候你就不会蔑视哪怕是最卑微的事物了。
>
> **柏拉图**

> 鸟在天空翱翔，但是将来它的葬礼还是要在地上进行。
>
> **非洲谚语**

人是一架极端精密的机器，远不像笛卡尔所理解的那样，可以用简单的机械力学原理来加以图解。但问题暂时还不在于人是否是机器或者是其他什么东西，而在于他天然形成如此精密的生理构造所为何来？

只看人的内耳：人耳分外耳、中耳和内耳。内耳微如豆粒，却要装下两个重要器官，一个是管听觉的耳蜗，另一个便是专司空间位置与运动感觉的感受器，叫做"前庭"。前庭由椭圆囊、球囊和三个半规管组成，三个半规管分布在三个相互垂直的平面上，其膜质迷路管道相互沟通，管内充满淋巴液，每个感受细胞基底部都有神经末梢与之连接，构造甚为细巧复杂，一言难尽。前庭的功能格外灵敏，其作用之一在于维持身体姿势的平衡，即使闭上眼睛，人体极轻微的倾斜也瞒不过它，这当然是一项很重要的功能，没有它，人要保持直立和运动都是不可能的。但机能的敏锐一旦超过限度也是麻烦，譬如有一种常见疾患叫"美尼尔氏病"，乃前庭膜迷路积水所致，病人只能平躺在床上，不敢稍有体位的移动，甚至连眼睛都睁开不得，否则即感天旋地转，翻江倒海，以至于弄得恶心呕吐、五内不宁，如此昏昏然无以自持，恁地叫人怎样生活？

然而，人类随着地球高速翻转，灵敏的前庭半规管却对此一无感觉，致使人类空活了上百万年还不知道自己脚下的大地竟是一个自行转动的球体。中国古代认为天圆地方，大地像一块托在神龟龟背上的平板，故有"天涯海角"之说，这种看法其实正与人类的感官感觉相吻合；希腊天文学家、数学家、地理学家托勒密于公元2世纪提出了系统的地心说，实属一项不小的进步，他至少已知地球跟其他天体一样是一个圆形的球体，而且，眼见日月东升西坠，满天的行星和恒星都围绕着地球运转，地心说既符合感觉上的真实，又合乎理智上的升华，岂能不令人信服、流布天下？只有哥白尼的日心说起初着实让人困惑，因为地球以每秒钟数十公里乃至数百公里的速度自转和公转，太与前庭器官带给我们的日常感觉相悖，你闭目空转几圈或翻上两个跟斗尚且头晕目眩，何以倒挂在一个球体上满宇宙打转反而四平八稳？所以，尽管事隔百年以后，伽利略才给哥白尼以迟到的赞许，到头来还是未能避免宗教裁判所的软禁与训斥，公允而论的话，恐怕我们不能只怪教会和僧侣愚昧无知吧。

问题倒是应当反过来提出才更有趣味：倘若我们的前庭半规管不在体察地球自转（空间位置感）和公转（运动感）方面一概失灵，岂非人人天生就都是一个个灵秀无比的哥白尼？而且，科学的春天又何须等到公元16世纪才姗姗来迟？换言之，拉开了人类科学史序幕的哥白尼，在很大程度上只不过填补了小小前庭器官的失能，这真是一桩足以令全体人类嗟叹不已的旷世憾事！

不过，这里有两个疑点值得思考：其一，感官的愚钝未尝不是一种十分必要的保护机制？其二，如果真是如此，理智超越感觉又将意味着什么？

第一个疑点是显而易见的：如果我们一天到晚都处在对地球旋转运动的准确感知之中，亦即处在远比染上美尼尔氏病更为严重的颠三倒四之下，恐怕眩晕浑噩的人类早就已经不知所终了吧。也就是说，我们感官机能的设立仅以维护机体自身的稳态生存为限，超过这个限度就一定会造成戕害，而且是无可容忍的戕害，即便这种超越能够使我们获得更真实更丰富的信息也罢。所以，我们的前庭器官决不肯叫人直接收获天体运行的规律，它宁可蒙蔽我们，好让卑微的人类哪怕是傻乎乎地活下去，也千万不要闹出什么"为追求真理而献身"的崇高结局。事实上，前庭半规管的构造和机能正是建立在地心引力的物理学原理基础之上的，它只单向度地保证有机体与地球之间的运动协调关系，此外概不负责。原因是，除太阳和月亮以外，其他天体对地表生命的影响微乎其微，尽可以忽略不计，而对太阳和月亮的关照，又尽可以交给其他感官借助其他方式予以处置，并不必由前庭器官来包办一切。

　　既然如此，代表着人类意向的哥白尼，为什么还要跳过前庭去寻求超前发展呢？这正是第二个疑点所要求解答的问题。展望人类的文明史，这个问题并不是一个孤立事件，它实际上是人类所有智力活动的共同特征。譬如，公元前5世纪，古希腊哲人留基伯为了追究万物的始因所提出的"原子论"，迄今仍是粒子物理学的前沿课题，然而，这个课题在很大程度上是由某种微观视觉或微观感觉的缺陷造成的，须知，对于最原始的宇宙物态例如电子或质子说来（世间万物包括我们人类自身都是这些基本粒子演运而成的后裔），这是一个极其简单的处理对象，它们只需借用自己固有的物理感应属性（例如电磁作用力等），就足以把握任何有关的微小粒子了（例如质子借其正电荷来获知以及获得负电子），而后来在生物领域逐步演成的"感性"、"知性"（此二者动物共有）和"理性"（人类独具），其实可能都不过是原始物理"感应"属性的增益发展产物而已，而且，高级属性总不免要压抑和遮蔽低级属性，从而令认知能力的上扬倾向于越来越轻飘。就是说，我们人类现在不得不借用的理性智慧和种种仪器，大约只是为了弥补业已丢失的原始"感觉"罢了。再譬如，生物学家发现，许多昆虫（如蜜蜂）、鸟类（如鸿雁）乃至某些哺乳动物（如猕猴）等，都能看见光谱范围超出人类视界的紫外线；许多水生动物（如海豚、鲸等）能听见振频低于16赫兹的次声波；而蝙蝠又能听见振频高于20000赫兹的超声波；这些都是人类感官失能或感觉失察的领域。于是，我们费尽心机（理性）地制造出各式各样诸如光谱仪和振频仪之类的工具，结果无非是重建或追溯某些原始依存关系，其聪明灵巧的体质生理结构（如感觉或思维器官）和智质代偿产物（如延长生理官能的人造器具），在作用上至多相当于递补了那些先祖物类原有的低等感知之和。换句话说，我们是在使用一系列更复杂更费力的方式，去处理那些原本也许是分外简单的对象和问题。若然，老天将我们人类引上自然进化的最高峰，并赋予我们一大堆美妙精致的机能，岂不是落下个弄巧成拙的荒唐结局？

不言而喻，超越于感官之上的认知发展一定也是一种必须，就像前述的感官效能限制是一种自然给定的必须一样，对此谁都无话可说。不过，你的超越似乎并不能给你带来更多的知识，反倒让你越发看不清知识的源头，你的感知层次升华得越高，你的寻根能力就距意识越远，这就好比那可以感知粒子或原子的电磁感应能力，其实并没有完全脱离你的身体，它只是沉淀在了细胞代谢的深层（例如胞膜离子交换），甚至它就潜伏在你的精神活动下面（例如神经极化反应），只可惜你无论如何都无法把它打捞出来，让它显现为直觉或思想，否则，科学史上的一切深究和难题岂不是全让你一蹴而就、大功告成？于是，逆向回溯不成，人们只好向前挺进，且唯恐跑得不快，以至于尼采还要痛斥俗众，呼号"超人"，似乎不把更多的原始天赋贬入黑暗的潜意识或无意识地狱里则绝不罢休。殊不知你前向跑得越远，后向丢得越多，反正自然界的知识总量终究不会溢出宇宙物演的限定区间，你又何苦像猴子搬苞谷，边捡边弃，徒劳无功？

问题可能还不止于此。鉴于目前的智能飞跃和科技进步，导致地球环境大遭破坏，人类的整体生存危乎殆哉，于是不得不着手策划如何才能飞往天外，另谋新的立脚之地，为此我们当然首先就要感谢超越前庭、启动科学的天文学家哥白尼。然而，人们可曾想过，如果我们跨越感官限制、开启智慧殿堂、并借以理清了地球与其他天体的关系，其结果只是为了毁坏地球、逃往他乡，那么，是否还不如当初索性彻底接受前庭器官的限制，也许今天和未来的人类反而会活得更安全一些？要知道，人类问世少说已有300万年，其中299万年都生活在严格的感官管制之下，看起来虽然有些窝囊，整体生存状况却安然无恙，更无任何危亡灭种之虞。而今，我们僭越感官的限制才不过数千年甚或数百年，却已惶惶然初见灭顶的前兆，你想想看，那自然规定的感官阈限是不是别有一番耐人寻味的深层意蕴呢？

精神趋知：知归茫然

11. 听蚊子说: 智者多忧

巧者劳而智者忧。

庄子

你应当明白——智者固然不愿
与傻瓜为伍，而蠢货更是一百倍地
厌恶与聪明人交往。

萨迪

塞涅卡说: "愚蠢自身即是负担。"
这话听起来不太对头，通常，愚蠢
更像是一种解脱，反倒是 "聪明自
身才是麻烦"。

子非鱼

世上所有的聪明人加在一起，
也敌不过一个无知的傻瓜。

拉布吕耶尔

我曾居于南山脚下，那里山环水复，风光秀丽。夏季，每
至傍晚，清风顺山涧习习而来，凉爽宜人，此时独坐屋外，看
层峦如黛，西霞黯然，夜幕徐垂，星月交辉，心绪煞是旷怡。
只是由于各峪壑中均有小溪流出，引水灌溉十分方便，当地农
人自然多种稻谷，所以蚊虫孳生，防不胜防。

一日，黄昏后，铺一领破席于松林草地上，正欲仰卧观天，

欣赏乱云夕照，却见若干雌蚊悄然袭来，且呈轮番攻伐的编队，挥之不去，于是只好奋然御敌，几个回合下来，虽拍毙多个来犯者，但我也已伤痕累累，而蚊军依旧毫无退意，懵懵然唯图进击，大有不吮足我的血则死不罢休的架势。面对这种不顾牺牲、不计成本的决心，我不由地为蚊子们的愚蠢生出了一丝哀怜之情。可转念一想，又觉得不对，蚊类在世，少说也有数亿万年了，若这愚蠢对它们不利，则它们早该绝灭无遗，何至于一蠢到底而竟千古不衰呢？

于是，我挂起免战牌，做出一副诚心就教于蚊虫先生的谦和姿态，甚至不惜献血饭敌，用以作为拜师的束脩，其殷殷垂询之意大约真格感动了对方，只见一只细瘦干瘪的蚊子欣然上前，落于我的鼻尖，抱足施礼道：“你昂然暴露皮肉于外，我等发自本性，不能不奋勇赴宴，事出无奈，望予宽谅。”我连忙摆手不迭，示意承受不起它那假惺惺的歉疚，并回礼说：“弟子无颜，太过小器，居然为区区一滴血而伤及你们众姊妹的性命，吝啬若此，实属该罚。只有一事不明，特来请教，你等吸血，本为活命，何以奋不顾身，竟如自投罗网？据我所知，你们雌蚊即便一时吃不上血液也能靠树浆草汁为生，就算繁衍事大，亦以自存为先，如此鲁莽直攻，弄成‘出师未捷身先死’的局面，岂非大大的失算？我们人类行事，一般必须先有50%以上的成功概率，方会慎重实施之，而你等刚才的攻势，得手率不足三分之一，平均每有一只蚊子采血归来，就至少另有两只蚊子被我打死，既然如此，何不另择良机，以求稳妥？比方说，我总有困乏打盹的时候，真就那般迫不及待了吗？”

蚊师听罢，语塞，薄翅轻颤，面露愕然之色，少顷方见回话：“你的精于算计，着实让我诧异，我们蚊子从来不作此想，倒也奔命而逍遥，未曾感到过一丝一毫缘起于失算的危机，平日里只觉炎夏苦短，倘若不能抓紧时机采血繁殖，则秋寒将至，育后无期了。不过今天经你提醒，反而令我愈发相信我等不智的优越，让我们试着用你的计算方式进行一番比较：我们雌蚊每次产卵数量为几十粒至几百粒，若以平均200粒计，抢在夏季的话，即使成活率只占一半，也有100倍的基因收益或种系收益可获，在这样丰硕的盈利之下，畏葸不前才会造成最大的损失。譬如，且不说采血成功率是你计算的三分之一，纵然只有五分之一，种系收益率仍然高达20倍；反之，假如所有雌蚊都具备了你们人类那样的聪明才智，则自保之心油然而生，你想，如此一来，就算现有的全部雌蚊一概暂时存活下来，我蚊子种系岂不是立刻面临繁殖无望的绝境了吗？看来，低智愚拙正是上天赋予我们蚊子物种的一个自然保护机制，它表明我等蚊虫尚具有强大的生存繁衍力度，无需智慧之类的东西来辅佐生机。你的那番算计只不过证明了我辈的强悍无忧多么值得自豪，以及智慧本身可能是一个多么璀璨而危险的天然徽标！所以，我奉劝你最好不必替我们古蚊担忧，倒是应该先去搞清你们自身何以需要智慧来庇佑的原因，才不失为将智慧用对了地方。"

言罢，那蚊师得意地顿足大笑，险些翻身落鼻。

我真有点儿茅塞顿开之感，不禁对它肃然起敬。这简直是言传身教的典范，所揭示的道理亦非人间学者所能深入。人的生存和自尊无不有赖于智慧，结果不免反倒被智慧彻底蒙蔽了自己的耳目，何曾想到智慧的渊源可能另有蹊跷？细细思量，那蚊师之所言甚合达尔文"物竞天择"学说的要义，且还超越和纠正了其中暗含的"适者生存"之理念业已造成的误导：试想，如果蚊子（属低级节肢动物）更聪明一些，它反倒会被自然选择淘汰，它的不智恰与它的生存状态相匹配，所以它长存而不衰。反过来看，后来那些更进化更高级的物种，例如脊椎动物、哺乳动物乃至灵长人类，它们的智能的确是越来越发达了，在达尔文、赫胥黎以及斯宾塞等人看来，它们对环境的生存适应性也一定越来越增强了，可它们为何反而衰落得更快？对它们说来，所谓"适应性增强"究竟是什么含义？如果"适应性增强"最终造成了不利后果，岂不是应该说"不适者生存"才更为真确吗？换一个质疑的角度，即是要问：所谓"适应"是针对什么在"适应"？"适应性"的递变到底意味着什么？

为此，我赶紧挽留欲将飞离的雌蚊先师，表示还有疑问需要讨教，并一再声明，说什么"如蒙解惑、定当重谢"云云，俨然一派唯恐智徒不被愚师容纳的尴尬局面。也许那只蚊子现在反倒对我生出了怜悯之心，也许是由于它忙于授业、饥肠未充，故而被我的报答许愿所诱惑，总之它只犹豫了片刻，随即发出一通洋洋大观的"讽智宣言"或"嘲人檄文"，现公示于下："你所提出的这些问题，本不应由我蚊虫者辈来回答，因为你们人类的处境，自然该是人类自己最为清楚，此所谓'春江水暖鸭先知'是也，只可惜你们貌似聪明，徒有其表，竟至于'沦落冰窟不知寒'，连鸭子都不如，这倒也的确是智慧本身固有的一大特征，即它非但不能发掘本真，反而更具遮掩真谛的功效，那就只好权且让我来替你们讲解世道了。须知你们人类早已为天理所不容，或者说，天道衰变的运行规律正好拿你们人类做了一个最典型的示范，所以，作为一系物种，你们实在孱弱不堪，难以衍存，于是只好借助代偿所得的智巧来勉强苟活。譬如，试问你们人类敢学我们蚊子这样没头没脑的生活方式吗？说来不屑，实乃不敢！你们繁衍一个后代何其难耶？！你们求生的过程何其不易？！一个女人一次只能孕育一个孩子，倘若你们也用三分之一乃至五分之一的随机成功率去无智求生和冒险求育，则相当于你们每生养一个孩子就必须损失二至四个母亲或四至八个成年男女，这还假定是在你们无需精心照管的情

况下后代成活率就高达百分之百。也就是说，你们会因此而处
于大约是得一失五的减数繁衍畏途上，如此运行，生路安在？
撇开繁育不谈，再看平素生活，你们人类能像我们蚊虫这样只
凭少许露水花蜜就足以生存、只需点滴动物血液就后代成群吗？
你们复杂的体质生理结构必须配署五花八门的外物支持，所以
在衣食住行各个方面才呈现出无穷无尽的消费需求，奇怪的是，
满世界却偏偏没有任何一件自然天成的东西可以被你们直接受
用，于是你们不得不培植作物、加工制品、绞尽脑汁、劳瘁无休，
到头来虽已殚精竭虑,终究还是摆脱不了生计困顿的忧患。故此，
你们的每一个求生行为都必须建立在高于50%预期成功率的精
心算计上，或它的一次性成功效率最终必须足以覆盖此前所有
失败所造成的损失之和，否则你们人类或个人的生存状况立刻
就将濒临危局。可见，智慧对于你们，绝非是什么可以拿来炫
耀的奢侈品，而是你们借以维系自身弱态生存的一种强迫或一
项必须。质言之，你们人类的智慧程度必与自身的生存力度成
反比，或者说，你们人类的智慧状态必与自身的生存状态相匹
配，其情形恰与我们的低智状态一定适应于我们的高度存态无
异。达尔文所谓的'适应'，其实不能仅仅针对环境而言，倒是
首先必须针对生物自身的载体内质而言才能成立。有鉴于此，
如果你们对自己的用智进程不加节制，就会同样造成上述那种
蚊子用智的不良后果，亦即智能属性的过度发挥必然相应压缩
载体本身的存在效价——这就是赫胥黎宣扬的所谓'优胜劣汰'
论,为什么在自然进化序列上总是恰恰表现为相反的'优汰劣胜'
效应的原因。君不见，你们现今的科技智巧，不是正在闹出诸
如人口过剩和生态失衡那样的种种危机吗？听说咱们中国——
这是你我共享一个归属的唯一相同点——有一句古话，叫做'智
者多忧'，所忧者，既可以指向人类日常生存方式的艰难，也可
以概括人类总体生存境遇的艰危。呜呼！此乃智慧承担者不可

规避的悲哀！幸哉！我为自己生为蚊子而感到无比骄傲！"

我哑然失语，呆若木鸡，眼无所视，耳无所闻，整个心智一时完全陷于空空如也的缥缈苍白之中。良久，回过神儿来，已是暗夜茫茫，风声如咽……那蚊师此刻早已不知去向，我下意识地摸摸鼻子，发现它依旧平坦无丘，胸臆间立时升起一股负疚懊悔之情，想来人家正不知在怎样的鄙薄着我，大约要说："人类用智尚不堪自救，难道还敢使出欺诈的心术来作践智慧不成？"

12. 庄周梦蝶与笛卡尔的疑虑

昔者庄周梦为蝴蝶，栩栩然蝴蝶也，自喻适志与！不知周也。俄然觉，则蘧蘧然周也。不知周之梦为蝴蝶与，蝴蝶之梦为周与？周与蝴蝶，则必有分矣。此之谓物化。

庄子

我的第一宗人间的智慧是：让我自己被欺骗，而不使我自己防卫着欺骗者。

尼采

世界是分为心和物吗？如果是这样，那么心是什么？物又是什么？心是从属于物的吗？还是它具有独立的能力呢？

罗素

人生必定是某种错误。

叔本华

如果要问，人最信任什么？你可能听到完全不同的答案。普通人会说，他的某位朋友特别值得信赖；一代枭雄曹操会说，他绝不轻信任何人，而只相信他自己；可庄子却说，他连他自己也无法相信，因为他曾梦见自己变成了一只蝴蝶，而且"栩栩然蝴蝶也"，即一丁点儿也不觉得自己当时居然可能不是一只蝴蝶，醒来后发现自己还是庄周，而且"蘧蘧然周也"，即惊诧自己怎么可能还是庄周，于是乎一时间全然不能分辨，到底是庄周梦见了蝴蝶呢？还是蝴蝶梦见了庄周？也就是说，他已搞不清他自己是蝴蝶还是庄周了。不过，庄子此刻其实只是不信任自己的大脑，他至少还相信自己的感官，而且唯因过于相信了自己的感官，譬如梦中之所"见"和醒来之所"感"，才生出了对自身的迷惑。

可见，说到底，人最信任的东西莫过于自己的感官，所以才有"眼见为实"的万古训喻。撇开普通人和古代哲人不谈，即便是当前的科学家也无例外，迄今所有的科学假说或新创理论，非通过实验"观察"作为依据，则不能取信于学术界，就是明证。

然而，感觉究竟有多可靠，却实在是一个大可质疑的事情。

笛卡尔首先对此产生怀疑，进而对整个感知过程抱以不信任态度，以至于除了"天赋观念"及其理性思维之外，他已不能确定还有其他什么东西真正存在。即是说，如果排除掉感觉过程的虚幻性和自欺性，那么任何感知中的对象都可能是不真实的。若然，则唯一可以确证的存在就只剩下了承载着我的怀疑精神的思想本身——这就是笛卡尔的那句名言"我思故我在"的精义，也是人类思想史上唯一有效的一项纯逻辑证明。自此以降，整个哲学史从粗疏地探讨外物属性，开始逐渐转向深入探讨认知属性的新方向，这就是所谓的"本体论"问题与"认识论"问题的分水岭。说起来，这实在是一个很重要的进步，它至少表明，精神本身及其感知过程业已被纳入人类钻研的视野。试想一下，倘若我们连自己的感觉和思维究竟是怎么回事都一无所知，我们还有什么资格去谈论感知对象的性质呢？

抽象的话不谈，我们现在只看一些有趣的现象。澳大利亚有一位神经生理学家曾经做过这样的实验，他发现，我们的任何感觉过程都将转化为某种作用于脑中枢的生物电脉冲，如果把刺激听觉器官所形成的电脉冲，通过一个微电极直接导入视中枢，再把刺激视觉器官所形成的电脉冲同时导入听中枢，那么，受试者会立刻进入这样一种奇妙的境界：耳闻电闪，却目睹雷鸣。这表明，呈现在我们意识中的世界图景或客观表象，实际上只是我们生理构造的产物，如果改变这个构造，则对象的性质和状态亦将发生相应的变化。果然，这种情形很快就出现在临床治疗中：有一种脑病叫"癫痫"，俗称"羊角风"，发作时突然昏倒，全身痉挛，意识丧失，口吐白沫，情状十分凄惨。其病因源自脑中枢的某一异常电兴奋灶，该处随时可能发放强大无序的电脉冲，并迅速波及左右两个大脑半球，从而瞬间造成整个大脑功能的全面紊乱。治疗上如果能将连接两半球之间的神经纤维统统予以阻断，则至少在疾病发作时患者还可以保持部分意识的清醒和半侧身体的自主，由以避免严重摔伤或其他意外。于是有人试行切断脑胼胝体（连接两侧脑半球的神经纤维总束）的外科手术，不料术后病人出现了一系列反应异常和行为变态，比方说，某患者不由自主地想用右手掐死自己的爱妻，然后他的左手又要拼命地把那只罪恶的右手拉回来。这里发生了两个问题，第一，对病人而言，他那原本可爱的妻子何以倏忽变得可憎起来？第二，面对同一对象，他的左右两侧大脑和身体何以会产生迥然不同的感受及反应？

显然，患者的主观状态决定性地影响着他的认知状态和行为效果。其实，不光病人如此，正常人更是如此，只是由于缺乏一个可供变换自身立场的参照系，使得正常人无从觉察这种规定和影响罢了。

以视觉和听觉为例：视觉大约占去人类感觉信息量的70 ~ 80%，然而，它只是生物生理感光系统的一种机能表现，其自然演化渊源可能与原始低等生物最简单的光合能量代谢方式有关。因此，它只在某一进化环境所限定的照度内对400 ~ 700纳米之间的光波可感，也就是说，凡不在这个波长范围内发光或反光的物体对视觉来说均属不存在，或者，凡不以发光和反光呈现其属性的物性对视觉来说均属不存在。而且，世界本无色，所谓"颜色"不过是可见光波中不同波长的光波作用于视觉系统的感觉转换产物，混合光产生白色光觉，单一波长的光波只要相差5纳米，人眼即可产生不同的色觉，故从400 ~ 700纳米之间的光波中大约能变换出150多种不同的"色"，主要为：红（700 ~ 610）、橙（610 ~ 590）、黄（590 ~ 570）、绿（570 ~ 500）、青（500 ~ 460）、蓝（460 ~ 440）、紫（440 ~ 400）等七色。试想，倘若人眼的构造起初直接就是一架光谱波长测定仪，那么世界还会有颜色吗？同样，世界本无声，所谓"声音"不过是16 ~ 20000赫兹的机械振动波刺激听器官所引起的"错觉"。错就错在这"声音"本身并不能反映出"什么是声音"，反而让听者误以为"声音"即使在耳朵之外也直接是一种客观的音响。而导致此项错误的不仅仅是鼓膜、耳蜗毛细胞和听神经中枢，就连外耳道也参与作祟，致使较小的振频变成很大的声音，却对较高的振频充耳不闻："根据物理学上的共振原理，一端密封的管道，能对波长比它大4倍的声波发生最好的共振。人的外耳道平均长度为2.7厘米，它的4倍是10.8厘米，后者与3000赫兹声音的波长（11.4厘米）相仿。因此，人类外耳道的共振频率为3000赫兹左右。由于这种共振因素的存在，当3000赫兹的振动波传到鼓膜时，听力可增加10分贝左右。"（引自《生理学》）试问，倘若人耳的构造起初直接就是一台振动波长测定仪，那么世界还会有声音吗？

再追问一句：如果我们的全部感官都客观无误地反映着世界的本真，那么，眼下这个"有声有色"的迷幻世界将会另行表现成一种怎样怪异的单调景象呢？

实际上，我们的其他感官和感觉（如味觉、嗅觉和触觉等等）也照例都在扭曲着世界的本来面目。但恰恰是这种变换了物态的感知扭曲过程，最有效地建立起我们生存所需的识辨系统。而且，对于所有的动物来说，只有这种扭曲了真实的感觉才能最经济、最和谐地维系生命微弱的存在，谁又能指责这种不为发现"真理"而设置的感知方式是生命存在的一种错误呢？要知道，我们的感知系统不是为"求真"设定的，而是为"求存"设定的，这才是全部问题的关键。也许，假如动物的感官生成不以"求存"为原则，而以"求真"为原则，则动物机体的所有代谢能量大概都不足以供养感觉器官的局部需要；也许，假如生物演变依循着感知求真的途径向前运行，则可能根本等不到酷爱真理的人类问世，物种进化的动能就早已耗竭；甚至，我怀疑，即便动物的感官果真原样地反映了世界，它们是否还能形成真正有效的识辨系统，譬如，在一片绿草地里潜伏着一条色彩斑驳的毒蛇，旱獭用色泽差异的方式更容易发现天敌呢？还是用波长分析的方式更能避免识别混乱？

话虽如此，但人类毕竟不能像动物那样停留在简捷的感觉层面上生存，于是，人类中间的先哲只好将我们全体逐步带入超越感官的理性高度。尽管这样一来，哲人们又要生出更深一层的疑问：难道建立在感觉误导基础上的理性，就一定不会将我们引上谬误的纵深方向？换言之，我们凭什么认定，理性知识必然就是感觉误差的纠偏而不是感觉失真的顺延？问题是，在理性层面上，我们同样没有一个可供转换自身立场的参照系，所以，我们又会像当年信任感觉一样的信任理性，尽管这种信任其实照例没有丝毫的道理可言。

故此，康德专门从莱布尼茨那里借来了一个奇特的名词，叫做"统觉"。浅显解释的话，可以认为其间包含着这样一层不言而喻的意思：既然我们的"主体感知过程"完全是一个先验的自我封闭系统，即是说，既然我们并没有另外一条"非感知的纯客观通道"足以抵达外物，那就等于你得承认，我们找不见"主观认知"与"客体存在"之间的边界条件，从而也就无法证明两者之间的同一关系。若然，康德老先生把"自在之物"干脆一股脑儿扔到不可言传的"彼岸"去，岂不是多少有一点儿常人所不及的明澈和睿智吗？

基于此，如果我说，我们人类同样是一种被彻底埋没在蒙昧暗箱之中的存在物，你还有什么办法提出反证呢？—— 不同点也许仅仅在于，我们是以自认为明白的方式被蒙蔽着而已。

13. 我知道我一无所知

俗人昭昭，我独昏昏；
俗人察察，我独闷闷。

老子

知者不言，言者不知。

老子

你指给我看到了一幅奇异的影像，他们都是些奇形怪状的囚犯。我回答说，这就像我们自己一样，他们只看见了自己的影子和别人的影子，那些都是火投射在洞穴对面的墙上的。

柏拉图

究竟有没有智慧这样一种东西，还是看来仿佛是智慧的东西，仅仅是极精炼的愚蠢呢？

罗素

18世纪初叶，爱尔兰籍的英国哲学家贝克莱，在牛顿光学研究和洛克感觉论的基础上，提出了一个怪诞的"非物质假设"，可以用后来变得十分有名的三句话来加以概括："存在就是被感知"；"物是观念的集合"；"对象和感觉原是一种东西"。在当时，他的思想只被人们视为荒谬的笑谈，有人甚至怀疑他是否得了疯病，建议他进行精神治疗，这可真是人类史上又一桩傻瓜嘲笑智者的典型案例。要知道，正是贝克莱首次提出了一个逻辑学上的重大悬疑，即感知和理智的终极无效性问题。而且，也正是基于这一点启示，休谟才不得不重新探讨经验本身的有效限度，从而揭开了人类深入研究精神本质和认知运动的新篇章。

本来，说到底，人类的认知活动无不建立在"不自觉武断"的基础之上，也就是说，你并不知道你的知识平台下面是一个怎样的空洞或深渊。譬如，我们认识一个物体，无非基于它的形、色、声等感觉要素，但有关"形"的信息主要来自视觉，而视觉仅仅反映该对象的发光或反光属性，倘若某物既不发光也不反光，则对视觉来说它就不存在。所以，古人从来找不见空气，尽管它是地球上最普遍存在、且与人类关系最近的东西，只有等到冬天，人们看见雾状的鼻息，才指之为"气"，可那其实不是空气，只是冷凝成团的水分子罢了。至于"色"与"声"，则更属自欺的产物，前者是光谱波长的主观转换指标，后者是振动频率的听觉转化感受，况且，你又没有任何一种感觉以外的手段，能让你把那声色迷离的物体通过另外的途径摄入意识，以作参照。若然，你凭什么确认你的感觉对象一定客观如实，而不是某种不自觉的主观武断呢？

也许，你会说，我的理性和思维可以助我做出正确的判断。错了！敢问古人难道就没有理性？或者，爱因斯坦以前的物理学家都不会思维？否则，祖辈先贤们何以不能指认气体的质量？身为科学家又何以会误判原本可能并不存在的"以太"遍布宇宙呢？实际上，理性思维的武断性大概还要更严重一些，因为，理性活动无非只有如下三种方式，而这三种用智方式偏偏又没有任何一种是足可信赖的。

先来看第一种方式，也就是纯逻辑的推理和思辨方式，想必这种方式最能避免感性的干扰吧。古希腊有一位数学家兼哲学家，名叫毕达哥拉斯，他最早意识到感觉的混乱性，因而提出"世界是数"的唯理论主张。"数"当然具有最完美的逻辑秩序和规则，也能最透彻的整顿感性表象的凌乱无序和浮浅。然而，问题是，怎样才能证明世界就是数，或数本身的逻辑运算规则一定就是世界的运动规则呢？这个问题恰好就是贝克莱所提出的那个问题。让我们换一个讨论方式，譬如问：逻辑运动究竟是按照自身固有的程式自行展开呢？还是通过某种可靠的感知通道真实地反映着外部世界的运动程式呢？这一问，你将立刻陷入哲学上那个永劫不复的泥淖——举凡你能提出来作为证据的东西，正是你应该加以证明的东西，或者说，所有你能拿出来的证据本身，恰好就是你要证明的对象，这使得一切证明都落于无效，也使得一切证伪都落于无效。除非你盲目地事先假定，你所给出的任何东西或证据都是精神源性的，或者都是外物源性的，那么你的所有证据都会立刻有效，而且足以充分自如地互相印证。但是，这样一来，你原本所拟探索的那个最基本的"知与在"的本质及其关系问题就仍然只是一个武断。可见哲学史上的唯物论与唯心论之争在逻辑上纯属无意义，难怪维特根斯坦认为，既往的此类哲学争辩统统都是语言病的产物。

第二种方式就是所谓的归纳法，这是人类用智最常见的方法，也是借助于感觉和经验来积累知识的最直接的渠道，看起来，它似乎兼有感性与理性的双重优点（我们暂时不管感官造成的先决性误导，只去关注理智本身的运作特点）。不过，问题在于，但凡借助于逻辑上的归纳法来求知，则获知者之所知注定成为只能证伪不能证明的偏见，然后，你还必须用这种以偏概全之知作为验证所知的根据，因此到头来依旧不过是一局彻头彻尾的武断罢了。譬如说，经详细调查，你发现亚洲的天鹅是白色的，欧洲的天鹅也是白色的，美洲的天鹅还是白色的，于是据此得出凡天鹅皆为白色的结论。可你毕竟未能一一考察世间所有的天鹅而使之穷尽，因此作为一项证明它是无效的。虽然如此，你还是得将上述结论作为有效证明姑且武断地接受下来，否则，你可能陷于永无所知的困境。如果有一天，澳洲的黑天鹅作为有效的证伪项亦被归纳进来，你的所知不免顷刻间崩溃，而且，为了谨慎起见，你最好不要再对天鹅的颜色作什么结论，尽管诸事皆处于这种无知状态又为你的生存所不允许。可见，归纳法是如此糟糕的武断求知之法：它要么导致误知，要么导致无知。然而你却不能因此就说，以前的误知还不如今天的无知，因为你终究得靠武断的误知，才使自己显得略有所知。

第三种方式乃是同样常用的演绎法，它是借助于理性来进行判断和推论的最主要的逻辑通道，并且它还有一个极具价值的特点，那就是可以从已知推出未知，因而似乎有望成为人类知识增长的基本生发点之一。然而，情形与归纳法刚好反了过来，即，但凡借助于逻辑上的演绎法来求知，则获知者之所知注定成为只能证明不能证伪的偏见，而且，由于你借以进行推演的根据恰恰来自于有限的归纳，因此看起来似乎成立的证明其实不过是建立在武断基础上的武断而已。譬如，从大前提出发，说：凡属天鹅者皆为白色；小前提是：澳大利亚也有天鹅；则借以得出的结论便只能是：澳大利亚的天鹅必定同样是白色的。单从逻辑学出发，此项三段论式的推理证明成立。然而，对于这项证明的可靠性，你却根本无从求证，即完全没有逻辑上的证伪之余地。因为如果你去实地考察，发现澳洲的天鹅竟有黑种，则作为证伪这已是归纳法的证伪，而不是演绎法的证伪了。除非你借以进行演绎的根据全不与归纳相关，而是来自于所谓纯粹逻辑的公设和推导（假如神学、形而上学、几何学或数学演绎算是如此的话），那么，你又不免顿时陷入前述第一种方式的那个既不能证明也不能证伪的循环论证之中。

如此看来，不自觉的武断同样是理性之知的前提。

那么，武断之知可否被叫做"知"？或者问得更贴切一些，即武断之知如何成其为"知"？

这个问题可以借助于反证的方法来求解，即通过抽掉那个潜在的武断基础，看看"认识"的格局还能否达成。

哲学上一般是这样划分的：指谓具体之对象或存在物的学问乃为一般的学问或科学的学问，而对"指谓"本身加以指谓的学问就是哲学或形而上学。前者是在"形而上之中"求知，后者是对"形而上本身"研修；前者表达为指谓存在的存在者与指谓对象的依存关系，后者表达为指谓存在的存在者对自身状态的自我意识。

然而，这里马上发生了一个悖论——

作为前者，他虽然自以为知道自己所关注的"对象"为何物，但由于他全然不知自己借以关注对象的那个"关注"本身为何物，即不知自身之"能指"如何作用于"所指"，因而其"所指"究竟为何物到底仍旧是一个疑团。所以，纵然是身为科学泰斗的爱因斯坦亦不太那么自信，他曾经说："一切科学，不论自然科学还是心理学，其目的都在于使我们的经验互相协调并将它们纳入逻辑体系。"（引自《相对论的意义》）显然，此处已先有一个必须对"经验"和"逻辑体系"之类的东西加以澄清的问题存在。

作为后者，他其实根本找不见那个形而上的"能指"本身，一如眼睛看不见眼球自己一样，他所谓的"能指"必是已经包含着某种"所指"的"能指"，就像一旦说到"视力"（"能视"）

必得借助于某个"所视"才可以将"能视"抽象出来一样。既往那些具体化了的"能指"（如理性、逻辑、精神等等）因此皆已成为"所指"，犹如眼睛一旦看到了"眼球"，那眼球对于"能视者"来说已是摆在解剖台上的"所视"而不是"能视"了。所以，从柏拉图到贝克莱，举凡企图以究察"能指"来澄清"所指"者，非但未能说明"能指何以能指"，反而终于连"所指"与"能指"何者真存都一概迷失了。为此，维特根斯坦不无道理地指出，"命题能表述整个实在，但它们不能表述它们为了能表述实在而必须和实在共有的东西 —— 即逻辑形式"，因此属于"不可说，而是显示其自己"的东西，而"真命题之总和即是全部自然科学"。（引自《逻辑哲学论》）

结果，兜了一圈，我们终于又回到了原先那个一无所知的起点。

反之，假若爱因斯坦或维特根斯坦不去对那个"潜在的武断"加以质疑，则知者非但无疑于其"知"，通常倒是自以为这个一时所得的"武断之知"就是不容置疑的"真理显现"。

于是，可以肯定地说：恰恰是武断才成全了"知"。

"武断"一词，就其原义而言，是"以无知为知"的称谓 —— 也就是说：如果从一般概念上推论，则"知"不成立。但无可否认的是，人们历来觉得自己确有所"知"，而且，唯因有"知"，才得以生存。

那么，我们必须重新发问：什么叫做"知"呢？

这可是难倒了所有哲人的一个千古悬案，严格说来，此前还没有任何人能够就此问题真正给出系统的论证和解答。自柏拉图以降，几乎所有哲学家都想揭开这个谜底，并且常常自以为完成了这个使命，只有柏拉图的老师苏格拉底一开始就自谦地宣称："我知道我一无所知"，旨在提醒人们应当特别小心"对知的无知"。然而，如果我们连"知"是什么都糊里糊涂、昏然不识，那么，不妨检讨一下，我们大家究竟还应该抱有多少侈谈"真理"的雄心和雅兴呢？

14. "真"作假时假亦真

人类一思考，上帝就发笑。

西方谚语

似是而非的谬误有时令人愉快。

弗兰西斯·培根

为了看看阳光，我来到世上。

巴尔蒙特

需要证明的真理只是半个真理。

纪伯伦

据鲁迅说，人通常缺什么才喊什么，他依此考证，认为孔老夫子很可能患有胃下垂引起的消化不良。因为，惶惶然如丧家之犬的孔子，动辄陷于"饿困陈蔡"的地步，原本似乎不该抱有"食不厌精、脍不厌细"的奢求，大概由于周游列国，奔波不止，木轮马车，坎坷土路，结果难免颠簸成胃病，才不由得如此嚷嚷。照此推论的话，则国人目前最缺乏的大约要数"真、善、美"这三样东西了，不然，我们的耳朵里怎么会全都塞满了这些玩意儿？

不过，"善"与"美"姑且不论，"真"却可以被断定是中国自古以来最充裕的一种东西。原因在于，我们的传统历来不去分辨"真"与"假"的逻辑差别，只一味地关心社稷政治和道德伦理，连位列诸子之首的孔子、老子亦无例外，所以"位高权重"就成了中国人永不枯竭的真理源泉。至于"真"到底是一种什么状态？以及我们究竟缺乏到何等程度？恐怕大家连最起码的估测能力都没有训练出来。也许正是由于这个缘故，中国学者不太能理解西方知识分子何以会倾向不可知论，于是当然也就弄不明白，西方人为什么要一次次地推翻过去被实践反复证明是正确而有效的"真理"，从而令科学的发展永无止境？

以下言归正传。"Truth"（"真"）常常被我们的翻译家在哲学专著中译成"真理"，这可能犯了一个不小的错误。自从17世纪以来（甚至最早还可推到2400年前的柏拉图），以笛卡尔、波义耳和贝克莱等为代表，西方哲人、也就是当时真正有思想的学者就已渐渐明白，外界的"真"一旦经过"感"（指感官感觉或感性）和"理"（指逻辑推理或理性）的过滤，它马上就变成了"失真"，或者至少你已无从判断，它是否还保持着"符合论"意义上的"本真"。也就是说，"真理"这两个字，在字义上很可能处于背反的两极，压根儿就放不到一起去。因此，等发展到休谟和康德那里，与"真"联系在一起的"客体"（"物自体"）就被彻底抛到不可企及的爪哇国去了。不过，要想理解这个问题的实质，我们还得先从公元前500年古希腊的恩培多克勒说起，并绕开繁琐的哲学史，以便能够单刀直入地剖析问题的核心。

恩培多克勒可谓是"唯物反映论"的鼻祖，他最先开始较系统地探讨认识论问题。他的观点很奇特，但其实又是最贴近于常人的看法。譬如他认为我们的各个感官大致上是类似真空的若干"孔道"，通过外物发散的某种粒子"流射"而形成感觉。大约他也发现不同的感官具有不同的局限性，于是进而提出了"同引异斥"的感知原则，例如眼睛是火与水的孔道交错排列起来的，"通过火的孔道，我们看到亮的对象，通过水的孔道，我们看到黑暗。"这样一来，我们感觉到的知识当然是客观全真的。至于"智慧"和"意识"，乃由血液将流射带入心脏充分混合而成，因此"围绕着人心的血液就是智慧"，这跟历来持有唯物观的中国人把"心"——"心想事成"的那个"心"——视作思维的器官不谋而合。

然而，"反映论"一定是大成问题的。首先，我们的感官不可能只是一条真空的"孔道"；再者，即使我们的"感知"或"意识"只是一面镜子，那镜子是黄色的铜镜抑或是无色的玻璃镜，是平镜抑或是凹凸镜，其中被反映物的影像仍会因镜子的不同而不同；照相使立体变成了平面；洛克式的"白板"又使白色的描摹了无痕迹可显；总之，你只要不是"无"，你就不能无条件、无规定地接受外来的影响。若然，则你所说的"对象"究竟是"你的对象"还是"外界的对象"，立刻成了一个令人茫然的问题。

事实上，人类的"感知"发源于理化物类的"感应"，一如人类本身发源于原子、分子和生物的一路进化那样。只不过，越低级的物质形态，由于其存在度偏高，它的感应属性相应偏低；反之，越高级的物种形态，由于其存在度倾向递减，它的"感应"属性就会相应代偿到某种"感知"级别的高度罢了。既然如此，按照由简及繁的原则，如果我们能够首先探明物理感应属性的基本规定，则无论"感知"或"精神"看起来多么令人眼花缭乱，它的基础运动态势自会因此而变得一目了然。

以原子结构为例：电子的常态存在以感应于质子的核态存在为前提（譬如一个质子外绕一个电子就构成最简单的氢原子），对电子说来，它以自身"先验"的负电性来"感知"并"应答"质子的正电性，也就是说，作为"主体"的电子要有所"知"，它自身不能只有一个真空的孔道，而是必须首先具备某种特定的主观感应属性如"负电荷"（即电磁属性），否则它不可能获得有关质子的任何信息；反之，质子亦以其固有的正电性作为"客体"的现象形态来回应电子对自身的"感知"，也就是说，电子的所知仅限于质子的"正电荷"，至于质子的其他属性，譬如形状、体积、质量、色泽等，对于电子来说一概不存在，或一概归于"超验"的范畴。可见，任何"感应"或"感知"，都不过是"主体与客体"（此乃哲人的说法）——其实就是"宇宙分化物"（此乃自然的本态）——之间对应属性的耦合，就像人的视觉只是视网膜细胞中的感光色素与光子的耦合，由此将光能通过化学能转变为神经冲动那样。而且，这里还有一个问题："耦合"过程本身不免使客体固有的属性被扭曲，或者说，不免把"主体的感应属性"叠加到"客体的可感属性"上去，从而令感知所得呈现为某种变态了的"二相耦合体"。比方说，电子在感应质子的一瞬间，它所收获的不是质子正电荷的原样，而是自身负电荷与质子正电荷碰撞交融之后的那个"电中性"产物——氢（电磁感应）；再譬如，假定"酸分子"为主体，"碱分子"为客体，则"酸"（以酸根作为自身的感知属性）在感应"碱"（以碱基作为对应的可感属性）的一瞬间所收获的知识，恐怕只能是耦化中和之后的另外一样东西——盐（化合感应），而不可能是原模原样的"碱"了。

换句话说，感应或感知过程必然使"客体"转化为"对象"，而"对象"的"对象性"又必然受制于主体感应属性的规定或局限。这样说来，"客体"与"对象"之间至少存在着如下区别：（1）客体的全部属性与其可感属性的差；（2）客体的非属性基干全然无从体验；（3）客体可感属性遭到主体感应属性的叠加变态。一句话，"对象"已不是"客体"，它一开始就注定是一个主观化的产物，或者说，它原本只能是一个随主体的不同而发生变化的"假象"。这就好比面对同一世界，靠超声回波来感知对象的蝙蝠，与靠眼睛来视察对象的猩猩，它们各自所得到的对象或表象一定是全然不同的形态。而这不同，并不与对象的实际载体相关，仅与对象的实际主体相关。

更有甚者，既然主体的感应属性必将随着自然物演弱化进程的发展而相应增益，那也就等于说，主体的"主观性"势必越来越膨胀。按照这个逻辑来推究，则主观性的增加只能使对象遭到扭曲的程度加重，尽管主观性（即主体感应属性）的增加也会使对象给出的信息量相应增加。换言之，人类的"感知度"诚然一定大于原始物质的"感应度"，但信息数量的上升并不意味着信息真度的同步上扬，反而只能是一种反比互动的关系。所以，请你记住，"真理"通常没有"谬误"可靠，因为所谓"谬误"其实就是"此前的真理"，新的真理被提炼出来，旧的真理就被人们扬弃为谬误，而任何新知识、新理论或新学说，它被人推翻的速度总是更快，亦即它的"真"性递减，"假"性递增，因而造成其稳定度日益下滑，这就是人们平常所说的"知识更新速率愈来愈高"的主要原因。

从直觉的角度出发，人们之所以不容易接受上述结论，乃是由于我们总不免被"知识的效用"所欺骗。譬如，科学发展分明造成了前所未有的诸如卫星上天、导弹横飞等一系列奇迹，或者，医药技术分明治愈了过去被游方郎中视为绝症的种种顽疾，难道这还不能确证，人类的知识系统越来越趋近于客观本真和绝对真理吗？这个问题的提出本身恰恰说明了我们对知识本身是何等的无知。所谓"知识"，原本不过是"信息"的代名词；所谓"知识增长"，原本不过是"信息增量"的代名词。"信息"是物演分化的边际耦合效应；"信息增长"是自然分化进程所必然导致的感应增益效应。谁能证明"信息数量"的增加一定等价于"信息含真"的同步增加呢？如果信息本身一开始就注定会带入感应者或感知者的主观干扰因素，那么，"信息增量"又何尝不是"信息失真的增量"呢？这就好比一只蝙蝠，它能够在高速飞行时准确地捕捉另一个不规则移动的微小质点（例如苍蝇或蚊虫），其精确程度大约比一颗导弹击中一架偌大的飞机要高得多吧，但，你是否因此就可以说，连眼耳器官都不完备的低等动物蝙蝠，仅靠其"超声回波"所获取的粗浅知识就直接掌握了真理的内核呢？再看，上千年以前的中医中药，曾经能够很有效地治愈由支气管炎所引起的剧烈咳嗽，不过，当时的中医理论以为"脾湿生痰"，故此认定这些药物的作用在于"燥脾"（干燥脾脏），到了今天，众所周知，脾脏的功能与呼吸系统和消化系统没有任何直接的关系，它主要是一个免疫器官，而那些镇咳祛痰药物其实是作用于支气管内膜和呼吸中枢的，但是理论的错误丝毫无碍于实践的有效性，反倒足以证明当时那个低级理论的真理性。然而，这种"证明"有什么意义呢？——只有一个意义：那就是，它只能证明"实践检验真理的无效性"，此外什么也不能证明！既然如此，我们又有哪些可靠的根据，能够确认今天看来行之有效的理论，一定含有更多而不是更少的真理成分呢？实际上，我们唯一可以确定的是，今天的理论一定会被更快地推翻和抛弃。若然，则请不吝赐教，"知识的增长"究竟是逐步迈入了"真理的圣殿"呢？还是正在走向"真理的迷惘"呢？

"真"这种东西，原本应该是指剔除了主观性之后所余留下来的纯客观成分，可你借以获知对象的唯一手段偏偏就是那主观属性本身，除此之外，你一无所有。于是，你只能收取由你的主观属性所变塑出来的"世界图景"，即便它因此而一"假"到底，你也无可奈何，甚至连无可奈何的惆怅都无由发生，因为你根本不知道自身的知觉居然沉溺在失真的汪洋里，是谓"形而上学的禁闭"。可见，你尽可以不去理会哲学，但哲学上的法则却不会放过你，反倒可能揪你愈紧；你也可以到处去漫谈"真理"，但真理绝不会因此而垂青于你，反倒可能背你远遁。好在，认知过程尽管不免是一个失真和虚拟的过程，但恰恰是源于这种"失真"，你才走上了"求生"的坦途，恰恰是基于这番"虚拟"，你才踏上了"求实"的蹊径。既然如是，夫复何求！

至此，你还想刻意求"真"吗？我以为，恐怕你连"我播下的是龙种但收获的却是跳蚤"这样标榜初衷的豪言也说不出来了吧，因为，你播下的就是跳蚤！甚至，你自身就是一个跳蚤！只不过，你是一个在求知定式上与跳蚤无异的不自觉的跳蚤变种而已。这倒让人联想起《红楼梦》里的"太虚幻境"，门口大书一副对联：

假作真时真亦假，无为有处有还无。

我们其实都无例外地飘浮在这个"太虚幻境"之中，只是这虚幻之境并非一处温柔乡，而是一幕障眼戏。在这出戏里，"真"总被我们弄成"假"，然后我们还以"假"为"真"；相应地，"实"总被我们弄成"虚"，然后我们又以"虚"为"实"；故，在这个"认知幻境"里，上列对联亦可随之改批如下：

真作假时假亦真，实为虚处虚还实。

15. "善"的缺憾与辉煌

天父使太阳照好人，也照坏人；
降雨给行善的，也给作恶的。

《圣经》

善与恶是同一回事。

赫拉克利特

向善的倾向可以说是人性所固
有的。

弗兰西斯·培根

善，为了能够值得受人尊重，就
必须是永恒的吗？或者说，哪怕宇
宙是坚定不移地趋向于死亡，它也
还是值得加以追求的吗？

罗素

如果我说，"善"是一个古今中外无人能解的奥秘，你也
许会感到诧异。因为乍一看来，似乎每一个人心中都有一把衡
量善恶的尺度，也就是说，"善"是一种与生俱来的良知和常
识，是每个人自幼拿皮肤就可以感觉得到的最浅薄最普遍的东
西。譬如你若夺走一个婴儿的奶瓶，他会立刻大哭着抗议你的
"恶"，你若无端地送给他一块糖果，他则马上笑盈盈地体味到

你的"善"，并不必为此耗费任何智力。于是，顺着这个没头没脑的感觉，最伟大的哲学家黑格尔曾经对"善"作过一个最无聊的注解，他说，善与恶是辩证相对的。但这等于什么也没有说，须知，正是由于"善"和"恶"原本属于同一回事，只看你站在哪个角度上予以评价，才使事情变得有些复杂起来。

亚里士多德似乎稍微清醒一点儿。他不在"恶"的反面寻找"善"，而是把"善"看作整个宇宙的终极目的和第一动因。然而，不幸的是，宇宙发展的物演进程偏偏适得其反，它只把"恶"弄得越来越昭彰，却让"善"显得越来越稀薄。比方说，动物之间争夺地盘，一般只需做出恐吓的姿态，万一吓阻无效，打斗起来，也不过点到为止而已，很少见到伤及同类性命的实例；及至进化到人类，情形就有些异样，氏族部落之间稍有领土纠纷或利害牴牾，则非要杀个你死我活不行；而且，社会文明越发达，相互就杀得越热闹，直到演成两次世界大战仍不肯甘休，还要制造出生化毒剂或核子武器挥舞叫嚣。看来，我们这些尤物不把宇宙进化历程中止于自残灭种的"恶"的极端，大家是绝难罢手的——这也实在太不给亚里士多德留面子了。

康德大约隐隐觉察到这个出入。所以他一方面指责理性的无稽和矛盾，另一方面又说"善"是只能从理性中引出的道德律，因而认定尽管"至善"的确属于最高的境界，但你千万不要指望它能在尘世上生根，大概只有在超感性的道德世界里——指什么？天国吗？那可真是我们人类自相残杀之后必须去的地方——才能实现。

说到这里，由不得叫人怀念马基雅弗利的高见。他一再强调，人与其说向善，毋宁说向恶，他们集自私、贪婪、胆怯、妒忌、反复无常和忘恩负义于一身，且学坏容易学好难，因此，政治的最高原则和治国的最佳手段应该包括贿赂、残杀、迫害异己和背信弃义等等在内，君主必须具备狐狸和狮子的双重品格，甚至不惜充当一个不折不扣的假善人或伪君子，只要身后有强大的军事力量为依托就行。这份自甘受侮的明智和豁达，与信奉"人初性善"的中国人颇有异曲同工之妙，是故国人历来比较推崇暴君，将其誉为"统一华夏，解民倒悬"的俊杰，仿佛唯有强权和恶棍才能缔造秩序和安全似的，并宽厚而圆通的确信，专制是国情所需，腐败是人情练达，狡诈是治国有方，毒辣是英雄胆略……反正人人都比马基雅弗利毫无逊色，足以鼓励任何一个当权者充分显示以恶为善的才华。

看来，无论怎样倒腾，有关人间的"德性"问题，大约总是讲不清楚的。

于是，近年来，有一批达尔文主义的生物学家，开始着手从动物身上追究人性的本原，结果成绩斐然。就拿纲常规范中的"乱伦禁忌"来说吧，一般认为，在血亲家系里杜绝两性乱伦是人类理性的道德命令，但生物学家发现，绝大多数的动物社群也同样严格遵循这一规定，子女一旦长大成年，必有两性中的一方被家长逐出本群，任其流离失所而不顾，他们（或她们）必须流亡他"国"，重组家系，以免长期混在本群里闹出乱伦的丑闻。在《狮子王》电影中，篡位叔父迫害侄儿离家出走，原属厉行家法，无可厚非，即便小狮子的生父健在，它也终于免不了这个下场，反倒是这小子后来杀回本群，恢复王权，实在有些大逆不道，这不是硬生生地要破坏"乱伦禁忌"的生物规则吗？要知道，动物们本能地恪守道德，是由于不循此规的物种必因有害基因的显性高发率而灭绝，也就是说，这个"不准乱伦"的伦理源头竟是自然选择的天道规定。由此可见，后来作为人类道德之首的"男女大防"并不全是孔圣人的杰作，梁山伯与祝英台的遗恨也不都是封建道统的罪过。严格说来，原始人类的氏族社会正是从中级动物的亲缘社会中增长出来的，亦即在"父母之命、媒妁之言"的包办婚姻制度中，暗藏着"只有父母和媒妁能够分辨儿与媳的血缘关系"的自发合理性，或者说，暗藏着"生物社会渐次朝向人类社会进化和过渡"的自然道德余绪，它预示了生物伦理结构与生物社会结构的统一对应关系。果然，再后来，随着亲缘形态的小宗法社团趋于解体，以及随着超家族的大社会结构日益凸显，近亲子女之间的局限往来关系逐步疏离，甚至成年之前便已各奔四方，至此"乱伦"的危险大减，于是乎"男女授受不亲"的古老美德居然一下子就变成了封建笑柄，反而让伤风败俗的"性解放"蔚然成风。

沿着这个思路，有人提出了"善"的基因决定论学说，这套理论并非全无道理，因为，所谓"善"说到底不过是"利他行为"的表观形态，而且利他行为最早确实发生在亲缘关系之间。譬如，父母对子女一般具有最无私的奉献精神，兄弟姐妹之间的互助程度通常也较外人为大。基于此，社会生物学家甚至弄出了某种可以计算"善"的量值的数学方程，其理论基础是，基因倾向于不断延续和扩大自己的存在，生命不过是基因的临时运载体，即所谓"有机体只是DNA制造更多DNA的工具"，或者说，"鸡只是鸡蛋制造更多鸡蛋的过渡形式"，生物进化到一定阶段，原本自私的基因只有变异出某些利他组型，才更有利于自身的繁衍和扩张，这就是"利他的善举"为什么首先显现于生物亲缘关系之中的原因。可见"善"一开始就抱有一个"不善"的动机，善恶因此而注定要归于一体。

按照这个理论，既然"利他"只是为了更有效的"利己"，那么，基因的利他对象就一定要和亲缘关系指数相对应。所谓"亲缘关系指数"是指遗传给定的同型基因比例，譬如在两性二倍体繁殖的生物群体内，子代与亲代共有1/2的同型基因，且按倍数关系隔代递减，即直系祖孙之间共有1/4的相同基因，直系曾祖孙之间共有1/8的相同基因，依此类推。旁系亲属之间的横向隔层关系亦然。用这个方法推算"善"的比值，在某一局限范围内来看似乎是十分精当的。例如，据社会生物学家特里弗斯和黑尔的研究发现，在膜翅目黄蚁社群中，由于雄蚁是单倍体基因型，雌性蚁王是二倍体基因型，子代雄蚁与子代雌性工蚁之间的基因同型关系呈现出1/4的低比率，而子代雌性工蚁姐妹们之间的基因同型关系却呈现出3/4的高比率（详细计算从略），结果，"雌性的生物量（按重量估计）比雄性的生物量高3倍，因此，工蚁喂养前者要比喂养后者多付出3倍的精力。"（引自米歇尔·弗伊所著的《社会生物学》）这个倍数关系与它们之间的基因同型比率恰好吻合，也就是说，"善的分布"恰好与"同型基因的分布"相吻合。然而，一旦套用于人类社会，这个理论马上就会出毛病，譬如，遗传学家霍尔丹曾开玩笑说，他会甘愿冒险跳进水里去救三个溺水的同胞兄弟或九个溺水的堂表兄弟。因为出于对自然选择的尊重，他必须事先盘算停当，他与亲兄弟共有1／2的基因数，而与堂表兄弟共有1／8的基因数，只有超过这个分母量级以上时，他才不至于让自身可贵的基因亏本。倘若溺水的亲兄弟只有一个，或溺水的堂表兄弟只有七个，再或者，纵然遇险的非亲非故者以数十人众计，他也应该只好作壁上观了。

事实上，整个生物社会的进化历程，恰恰是一个基因亲缘指数趋于下降的历程。原始单细胞生物群落的平均基因亲缘指数高达100%，但它们之间却没有一丝一毫的利他行为可言；随着生物社会演进到人类社会的现代文明阶段，以国家为社会单元的平均基因亲缘指数已经降至最遥远的亲属关系之下，但商品化的社会经济结构、民主化的社会政治结构以及交融化的社会文化结构，反而就建立在最广泛的利他关系之上，尽管这种利他关系看起来的确包藏着更恶劣的自私、贪婪、剥削与不公也罢。显然，基因利他主义学说尚不足以揭示"善"的渊源或"道德"的根脉。

无论如何，"善"——即便它包含着"恶"——总归还是一种天地人间的造物，那么，它的本质是什么？它的源头在哪里？

"善"——它本身同时就是"恶"——归根结底是一个"生物属性耦联"的问题，或者，再深入一步，是一个"社会结构进程"的问题。"属性"是为了"构合"，"构合"是为了"依存"，全部的问题在于：什么情况下才需要借助于"利他属性"来实现"利己"？什么形势下才必须依赖于"结构整合"来达成"依存"？让我们就从这里导出结论。

天地玄黄，日月洪荒，宇宙勃发，万物分化。"分化"就是"残化"，"残化"就得"构合"，而构合虽然暂时达成了补缺和依存，却终究未能阻止继续分化的势头。于是，"结构化"的自然进程就紧紧追随着分化运动的物演轨迹一路奔腾而来：粒子分化导致原子结构→原子分化导致分子结构→分子分化导致细胞结构→细胞分化导致有机体结构→有机体分化导致社会结构……如此一往，势如破竹。这个结构化进程是层层叠加、滚动扩展的，它有如下四大特征：（1）它的结构系统稳定度是逐层递减的，譬如分子结构的解离远较原子结构的动迁要容易得多；（2）它的结构属性代偿度是逐层递增的，譬如细胞结构的机能远远高于分子结构的性能；（3）它的结构能量分布是消耗加剧的，譬如动物机体的耗能绝对值远远大于单细胞生物的物能代谢量；（4）它的结构变迁速度是日益加快的，譬如社会发展速度远远高于生物变异的进化速度。总而言之，它的残化程度随着自然分化程度的加深而愈发严重，它的内在依存要求随着残化程度的加深而愈发迫切，这就是"善"的源头，也就是"善"的本质。一句话，"善"是一个纯粹的自然代偿产物，当然也就有它的物演规定素质和社会演动方向。

由此可见，所谓"利他属性"其实并不与基因的同型系数相干，它顶多是让基因分子的分化演历陪伴它同行了一段路程。说到底，你的残化使你无由自私或自在；你要是圆满，你想利他还利他不成。自私是自斥于群化结构之外的一种完善；利他是自私不得的一腔无奈。你残化了，你以利他换取自私的前提，你的利他主义其实完全是自私的变种。从常识的角度来看，利他主义行为不过是客观上更为狡猾的自私的同一；从哲学的角度来看，利他主义行为无疑是自然分化物从"低依存度的自在"流向"高依存度的自为"之必然。换言之，自私意味着自私者（或"自在者"）融不进社会的结构，应该说，这不是由于它的自私，而是它根本就不需要这种结构。如果你需要这种结构以为补缺，你还硬以自私与之相抗，处处显得格格不入，那你真是自取灭亡。总之，无论是情态上或意态上的自私和利他，都不能成为社会整合结构的基础和原因，反过来说倒不会出什么大错：恰恰是社会成员与社会构态的自然演化进程，规定着"自私"或"利他"的生物行为方式。

于是，争论了数千年的"善的元义"油然而显：原来它就是"残化的辉煌"。因为你若"圆满自足"，自然无需"善待他人"；一旦相互"残而依存"，彼此便要"与人为善"；"残"之不透，"善"之不极；"残"之不深，"善"之不广；"残"至无以复加，则"善"到无微不至；"残"到无微不至，则"善"至无以复加；是谓"至善"（亚里士多德语）。不待说，所谓"恶"正是"善"的中间表达形态，也就是残化不彻底的依存摇摆状态，由此造成相互之间的剧烈摩擦和损害，而那"至善"之境界当然是指极端的自然分化或极端的社会残化，仿佛瞎眼的狼只好"善意"地背上瘸腿的狈，大家才能狼狈为奸，相依为命——对于这样的"善"，你还有多少为它高唱赞歌的豪情和兴致呢？

16. "美"是不美好的尺度

凡物皆有可观，苟有可观，皆有可乐，非必怪奇伟丽者也。

苏东坡

美犹如盛夏的水果，是容易腐烂而难保持的。

弗兰西斯·培根

红颜丽质不可轻易丢弃，除神而外谁也无法赐人以美貌。

荷马

你远离我时我爱你，你接近我时我怕你；你的逃跑诱惑了我；你的寻觅寻到了我！——我受苦，但我怎不愿为你受苦呢？

尼采

画家齐白石曾说，"美"的意境全在似与不似之间，"似"则流于媚俗，"不似"又流于欺世，可这二者之间如何叫人量度？又如何叫人立足呢？看来，"美"实在是一种恼人的迷恋，它越是扑朔迷离就显得越美，由此造成不可企及的无限追求——是困顿，还是陶醉？是明白，还是迷惘？是收获，还是失却？是欣赏，还是占有？此乃永恒的两难，又是无尽的焦灼。所以培根说，形体之美胜于颜色之美，而优雅之美又胜于形体之美。那是由于颜色之美近在眼前，形体之美已有些难于描述，而优雅之美纯属精神化的幻觉，因而它才美不胜收。也所以，最深刻的三位大哲，即柏拉图、康德和黑格尔都要把美的渊源归于"理念"，那是由于客观的东西你尽可以信手拈来，获取的瞬间便丢失了美感，唯有将其化为意蕴，涵蓄心田，美的芬芳才会弥漫开来。

然而，"美"总是要有对象的，纯粹的精神并不能无端地衍生出"美"，因此自然主义者强调美的外在性，结果同样让人无可辩驳。说得直白一些，好比置身于一片景观之中，唯物论者说"美"源于它那固有的风貌，唯持止水之情，素心静赏，方见其美奂然，倩影自显；唯心论者说"美"发自内心特定的感受，只有情景交融，神驰魂荡，方能山光摄魄，水色夺人。鉴于此，身为人类史上第一位探讨美学本质的思想先师柏拉图，曾在《大希庇阿斯篇》尾，借用这样一句古谚——"美是难的"——来形容"美"的不可捉摸性，此后，有关"美是什么"的问题果然陷入众说纷纭、莫衷一是的境地，成了哲学系统中最神秘的论题之一。然而，关键是必须有这样一问："美"的生发源泉何在？它的天然演历何去何从？一言以蔽之，它对于"存在者借以达成其存在"的意义是什么？

世界上没有任何一桩事情是与"存在"或"保持存在"无关的。例如，"疑"是一种摇摆不定的危局，是主体存在度降低的表征，于是"求知"的欲望才能够发生，并通过"知识量和知识能力的增加"达成对"疑"的代偿，从而使存在度趋降的主体重新恢复到基本存在阈所规定的衍存常量上来。可见"知"的内涵并不在于求得对象的"真"，而在于求得主体的"在"，这就是"知"的本质。即是说，世间没有无缘无故的"疑"，也没有无缘无故的"知"，当然更没有无缘无故的"美"。那么，"美"的根蒂埋植在哪里呢？

这话还得从"知"说起。"知"的源头是物的"感应"，或者更准确地说，是"感应"中的"感"的一面。原始物质一旦分化，就必须借助于感应过程来达成依存。最初的感应是"一触式完成"的，即"感"的过程就是"应"的实现，"应"的一瞬就是"感"的终结，犹如电子与质子在"感"的一刹那就完成了它们之间在原子结构上"应"的依存那样。但随着宇宙物演进程和分化进程的发展，物的感应属性相应膨胀并相应分化，譬如，后衍物种的感知能力倾向于越来越增强，感知方式也倾向于越来越复杂，到人类（包括前人类的某段动物序列），他已经把理化阶段的电磁感应和原始生物的趋光反应发展为感光视觉，并将简一的"感"分化成视、听、嗅、味、触等复多的"感觉"。不仅如此，他还在理化"感应"和生物"感性"的基础上，进而分化出纵向叠加的"知性"和"理性"。至此，"一触式感应"已完全裂变为"感"（确认）、"知"（辨析）、"应"（行为）的分立步骤，以及相关的整合过程。于是，由此会引发两个潜在的问题：第一、感应属性的增益过程也就是主体主观性的壮大过程，它使得我们对客体的感知，由于叠加上了越来越多的主观属性，而不免倾向于越来越失真；第二、感、知、应的分裂间隙或贯通间距必然越来越拉大，这又不免造成它们之间的整合过程发生越来越严重的摆动，甚至造成衔接上的失离、错位乃至某种程度的断裂。也就是说，"感的失真"使"应的求实"变得困难起来，而"感"与"应"的脱节又使"应的实现"直接变成了一种危机。须知，"应"才是目的，是存在的稳定落实；"感"只是手段，是失稳的摸索状态；"应"之无着，"感"有何用？

——"美"由此而焕发，它必须呈现为一系列诱惑式的吸引力，从而在主体与客体之间、以及感与应之间保持某种必要的牵拉张力。显然，"美"的前提是感应分离，因为"感"与"应"的一触式兑现必令"美"根本没有发生的余地。而且，正是由于感应分裂才造成了难以兑现的应之焦灼。换言之，美的余地在于"失位"——即在于"感不能当即达于应"以及"应不能当即终结感"的那个感应失离的空隙之间，或者说，在于"感之不真"以及"应之不切"的那个感应裂变的错位之间。所以，凡是未及于"应"的"感"都可能呈现为"美感"。而且，感应分裂愈剧者，其感中之美愈丰。可见，"美"既不是纯客观的东西，也不是纯主观的东西，而是发生于客观的感应属性之中的主观体验，或者说是促使"感"与"应"之间达成配合的一种心理作用。

因此，可以说，失位为"美"——失而不离，感而无应，美也。而失位状态恰恰是人类本身与自然关系的写照。

于是，"美"就呈现为这样的状态：

凡是切实的都是不美的（因为"应"使"感"落实为无趣的"在"）；

凡是不实的亦是不美的（因为"应"毕竟是"感"的最终标的）。

也许下面的话有些多余，不过还是澄清一下为好：上述所谓的"不美"决非"丑"的概念，而是"无美无丑"的意谓，因为"丑"不外乎是"美"的组成部分，亦即是"美"的抑扬顿挫的旋律罢了。

所谓"切实"就是"应"的实现。汉文中的"切"字有"游刃深于骨"的意味，即是说，"应"比"感"要实在得多、深入得多，它足以抵达元存，从而成就了依存，因此才说"应"的落实就是"在"的达成。相形之下,"感"的浮浅是一望而知的,它原本不过是"应"的一贴诱导剂,"应"一旦落实,"感"随即变得乏味可弃,唯有当"应"之无着,"感"才需深化,"美"才会勃发。

"审美"就是在这个感应属性或精神内核的深隐质地上生发的浅层直观以及显性观审,就此而言,可以说"审美现象"只是"美的本质"之汪洋表面的浪花或涟漪罢了。一般学者的审美之论就漂浮在如是层面上,不过,即便这般浮浪荡漾,惬意之余,也还不免缺失了浅层意义上"美"与"丑"的另一种分别,那就是感应依存或代偿效用的指标性亦即指示性分别。于是要问,审美活动中何以会有"美"与"丑"的观感?答曰:美丑之间暗藏着依存激励的向度指示差别,就像感觉上的甜、香、臭、苦其实导引着能量多寡和毒害程度之间的代谢取舍一样。譬如,细腰肥臀的女性优柔之美其实来自于骨盆大小是否有利孕育胎儿的恰当尺寸;虎背熊腰的男性阳刚之美实际渊源于筋骨健硕必然有助种间种内的生存竞争;鲜花绽放流露的是植物正当繁殖旺盛状态的生机盎然之美;残荷败柳显示的是生命趋向凋零收敛阶段的萎谢颓然之丑;春夏之明媚在于万物复苏;秋冬之萧瑟在于寒霜肃杀;……如此而已。可见,一切美学问题不外乎生灭之间,不外乎损益鉴别,不外乎存续照应。

显然,说到底,美的实质全在于维系依存。或者说得更形象一些,"美"无非是"感"与"应"之间失位性联系的一种粘合剂。

由此出发,再让我们一起来看看什么是"自然美",什么是"艺术美"。

先谈自然美。自然美也叫现实美,它发自"应前的紧张和期待"，故而属于"应前的美"。它主要有两种情况：一乃对于某个具体对象已有所"感"却无法当即有所"应"，于是必须借助"美"的诱惑保持牵挂；二乃由于后衍主体必须面对越来越多的分化态依存对象，但它却不能与所有对象同时发生占有关系或"应的实现"，也不能允许那些一时未能直接联系的对象完全脱离自己的视野和关照，于是，"美"便把它们收拢起来，借以建立某种"非应的联系"或"应的指南"；惟有处于这种感应之间若即若离的状态，客观的"美"与主观的"审美"才能达成某种默契，是为"现实美"（或"自然美"）。不用说，那对象是否"美"，首先取决于主体自身是否具有与之依存的内在要求和冲动。这就好比面对一只龇牙咧嘴的鳄鱼，任何人都不会为它的容貌而倾倒，但这一点儿也不妨碍异性鳄鱼将其视为天下最美的宝贝，而且越追不上它，它反倒越美。由此亦可推知，"美"及"审美"不是一个现成的摆设，而是一个在自然感应属性的演化中发育起来的虚存代偿系列。

现在来谈艺术美。黑格尔几乎要说它是唯一的美，它源于"应后的抚慰和观审"，故而属于"应后的美"。它只出现在人类的创造活动中，乃是由于人类自身存在度的无比衰竭，导致我们具备了最充分的感知代偿和最繁纷的依存对象，这种过度烦乱的生存方式不免造成蜻蜓点水式的"应得离乱"，即不免造成如下两类后果：一是感应活动（即知与行的总和）的极端紧张和焦灼；二是感应活动的相对局限和失落（即个体社会实践的狭隘化）；由此引出事后加以"抚慰焦灼"（降低心理紧张度）和"补充观审"（弥补现实中失去的感应刺激）的双重需要。可见"美"还是一种"调节紧张"或"舒缓焦灼"的东西，即在"应"以前它必须将"应的紧张"转化为"应的诱惑"、而在"应"以后它又必须将"应的焦灼"过滤为"应的观审"——这里是借用了叔本华的一个自拟专义词，他曾经很准确地将"观审"一词解释为"自失"，可惜没有讲明所"失"者何，其实这"自失"并非直接"失去了自己"，而是指"失之于应"的那样一种自为状态，或是指"使自身从'无以为应'的紧张中脱失"——只有这样，与"应"相伴而行的"感"才会呈现为"美感"。即是说，日益焦灼化的"应"与日益扩容化的"感"一旦"超然于应"而又"反观于应"，则必然产生出某种远较"应前的现实美"更丰满的"美"，是为"艺术美"。换言之，艺术美必须具备两项前提：即"焦灼化的应之超脱"和"超脱化的感应观审"，前者使"不美"的东西呈现为"美"；后者使"不在"的东西呈现为"在"。于是，它一方面完成了心理存态的临时调适作用（无聊者使之波荡，紧张者使之舒缓，并以此构成苦乐曲线中的"乐之顶点"），另一方面实现了与感应扩展和心理紧张同步进化的"艺术的升华"。由此亦可推知，"美"与"艺术"不是一个僵滞的摆设，而是在自然感应属性趋于焦灼化的精神炼狱中锻造得越来越"美"的一只火凤凰。

不过，至于此，"美"已被还原为"不美好或不善的在"，即美的享用者一定是残缺不全的存在者，且一定是摇摇欲坠的失位性沦落者。因为，如果存在者自身是充实而完善的，或者，如果存在者处于坚挺而牢靠的依存状态，则断不会有美的派生。换句话说，"美"（beauty）与"真"（truth）一样，它的华丽程度直接就标示着其派生主体的失存程度，或者说得更切近一些，它的绚烂光影直接就度量着人类与自然的失离间距——这就是"美"的形销骨立的本质。

难怪亚里士多德要说，悲剧艺术具有最高的美学价值。因为悲剧直接就贯穿在人类的生存过程和生存方式之中。它之所以能在我们心灵的最深处引起最强烈的共鸣和震撼，完全是由于它最深刻最普遍地反映出（并关怀着）"艺术美的载体"（即

"艺术受用者")的"应"的终局或自然宿命。因此，从古至今，一幕幕悲剧跌宕尘寰，催人泪下，那泪水淌在脸上，渗入心房，源源不断地汇聚成人类历史的哀怨长河，并浇灌出一朵朵美轮美奂的艺术奇葩，可有几人问过，那无尽的泪水为谁而流？又为何而流呢？

17. 子非鱼安知鱼之乐

哲学是什么？ —— 哲学只是古希腊那群"大号儿童"所独自玩弄的一种逻辑游戏罢了。可你如果没玩过它，你将不免思绪沉闷，头脑昏昏。

某哲人

我们从哪里来？我们到哪里去？我们是谁？

高更

我们在这个世界上都是异乡人，身体就是灵魂的坟墓。

伯奈特

要爱人类，要追随着神。……只要记得法则在统治着一切就够了。

马尔库斯·奥勒留

惠施是庄子的朋友，比较热衷于从政当官，同时也喜欢会友放论，这原是中国文人发自根性的两大嗜好，倒也毋庸挑剔。不过，这两样东西都浮在智慧的表层上，二者加在一起，刚好足以挤掉深思钻研的精力和灵性，却无妨历练出略显多余的机智和辩才。说起来，庄子的官阶要低下得多，不过一介漆园地方的流星小吏而已，竟也多少染上了一点儿类似的毛病，两人聚在一处，自然不免要惹出许多妙语讥辩的交锋，下面这段笑谈，便是其中一桩很著名的典故。

一日，庄子与惠子相偕游于濠水桥上，庄子不禁赞叹鲦鱼的"出游从容之乐"。那是一种条状侧扁的白色小鱼，悠游之状并没有什么特殊之处。惠子便问："子非鱼安知鱼之乐？"意思是，你又不是鱼，如何得知鱼儿的快乐与否？这原应属于一个很有趣的逻辑学问题，因为惠子实际上是在探问感知的效能和限度，可惜惠子本人也不清楚他这个问题所涵盖的要旨，所以终于任由庄子狡辩作答。庄子说："子非我，安知我不知鱼之乐？"这话听起来格外机智，他是在反驳惠子，说你也同样不是我，怎么就可以判断我一定不会知道鱼的快乐呢？这样空洞的答词完全是在回避问题。惠子非但不予追究，反而亲自封闭了问题的深意，他讲："我非子，固不知子矣；子固非鱼也，子之不知鱼之乐，全矣。"即是说，我不是你，固然不能获知你的心态，但你更不是鱼，自当同样不知鱼儿的快乐，到此可以为止了吧。惠子的这番自答其实大错而特错，他还不如什么也不要说，索性留下一个悬案，就像哥德巴赫猜想似的，以待庄子之后另有才俊。可他偏偏自作聪明，结果只引诱着庄子说了一些更蠢的废话："请循其本。子曰，'汝安知鱼乐'云者，既已知吾知之而问我。我知之濠上也。"庄子乃说：让我们从头说起，当你发问"我怎么知道鱼儿快乐"的时候，你其实已经知道我晓得鱼儿快乐才来问我的，而我获知鱼儿快乐正是在濠水桥上啊！你看，庄子是不是又一次闪开了对问题本身的正面回应？只不过他这一次的答法还不及上一次来的巧妙罢了。

就这样，后世的文人居然从此也一概认为这个问题已不成问题了。这就是中国思想家（所谓的"子"们）讨论哲学的方式和结局。

　　这倒让我想起了大约处于同一时代的古希腊哲人芝诺（Ze-non of Eleates）。他也经常倒腾一些怪诞的问题，但他绝不肯停留在表面的机巧上。譬如，他曾提出过一个"追龟论辩"，说希腊神话中善跑的英雄阿基里斯（Achilles）永远追不上先跑一程的乌龟，因为无论阿基里斯跑得多快，他必须先跑完从他出发的起点到乌龟当下距离的一半，等他赶完这段路程，他又必须再追其余那个一半的一半，如此一往，永无止境，尽管阿基里斯会离乌龟越来越近，但由于他不可能穷尽那个没有尽头的二分法论证，因此他终究不可能追上前面的乌龟。芝诺还说"飞矢不动"，他认为，既然一支箭在静止状态下一定要占据一个和它自身长短相同的空间位置，那么，我们可以把这段空间设定为若干个点，如果它在运动的任一瞬间仍然照样占据着等量的空间位点，则飞矢的过程便只是许多静止的点的集合，所以飞矢在总体上是不动的，倘若说它在动，那就等于承认它同时在这一点上又不在这一点上这个矛盾，因此是不可能的。诸如此类的"芝诺命题"看似荒唐，却包含着对"时间与空间"、"运动与静止"等重大问题的根本质疑，并具有深刻的逻辑合理性，由此引发西方后来的哲学家和科学家不停地探讨这些问题，直到两千年后的康德、黑格尔、牛顿和爱因斯坦依然不得不继续思考它追究它。说起来，庄子在《天下》篇中也谈到惠子提出过类似话题："飞鸟之景，未尝动也"；"镞矢之疾而有不行不止之时"；"一尺之捶，日取其半，万世不竭"等等，然而，如果连他们自己都浅尝辄止，风吹笑散，那又如何能够避免最终流于国学里茶余酒后的消遣谈资呢？

　　现在，让我们来替他俩解答前头那个他们只肯为之一玩儿的题目。

　　惠子的问题首先涉及两个主体，即"子"（庄子）和"鱼"（鲦鱼）。一般而言，任一主体所面对的，都是作为他的对象之客体，纵然那个对象是具有感知能力的生命也罢，就是说，鱼只是庄子面临的一般对象，所以，问题只关乎对象的对象性是什么（参阅本书《"真"作假时假亦真》一文）。但惠子的问题别具一格，在他那里，鱼不仅仅是庄子的对象，它同时还是一个和庄子并列的精神载体，而且，作为主体一方的庄子的精神，如何才能与既作为对象又作为另一主体的鱼的精神沟通，才是问题的难点所在。而庄子的回答方式，只是徒然给出了一个空虚的"我"及其无边界无规定的"我知"，同时再扯进来一个主体（惠子），使之变成三方两种的主体照应关系，或者比这还复杂，使之变成三方两种的主客换位关系。这哪里是在答复问题，简直是在搅浑问题。

显然，在这里，论辩者先得解答什么是主体、什么是客体的问题？以及主、客体之间的进位关系和位差关系如何衍动的问题？否则其他的事情一概无从谈起。从本原意义上讲，也就是从自然分化的演动轴上考察，以客体的可感属性为对象的各个分立的客体就是主体，相对于彼客体而言，此客体的可感属性也就是当它被视为主体时的感应属性。即是说，主体本身就是客体的组成部分，当某一分化物作为感应者将另一分化物（也是感应者）变换成对象从而实现自身为主体之时，那个（或那些）被变换为对象的客体又以该主体的镜像式感应属性作为可感属性之素材而同时亦将该主体变换为对象，也就是令该主体立刻还原为客体，是为主体与客体的"原始可换位状态"（譬如电子与质子、与原子核、甚至与分子的那种简单的电荷对偶关系）。

这种可以还原为客体的主体才是主体的根本质态。

后来，随着客体（也就是主体）的继续弱化和分化，亦即随着递弱代偿动势的自然发展，作为客体某一部分的衍存者如果还要成为可存在的客体，就必须使自身演变成能与其他日益复杂化的客体相沟通的复杂感应体。而且其自身的复杂程度——包括自身之实物状态亦即"体质状态"的复杂程度和自身之感应状态亦即"精神状态"的复杂程度——必须等于或大于此前纵向演化过程的总体复杂程度。因为，此前所有那些相对简单的存在物都是后衍性存在者须臾不可脱失的存续条件，何况这些后来者还得与跟自己一样怪诞甚至比自己更怪诞的复杂物体相沟通。于是，凡属后来的感应者，势必要演化出一系列更复杂、更宏阔的"客体性质"（看似客观"物性"）或"感应属性"（看似主观"人性"）于一身，是为代偿增益的"主体素质"。

不过，处在后衍位相上的主体相对于它的前位客体而言已成为"不可换位的主体"，即由于"存在位相的不等位性"，或者说，由于后位存在者与前位存在者之间相互依赖程度的不对等性（后位存在者对前位存在者的依赖程度大于前位存在者对后位存在者的依赖程度），从而造成"感应效能的非对称性"，即造成后位感应者的感应效能可以覆盖前位存在者，而前位感应者的感应效能却不能对等地覆盖后位存在者——是为"衍存位相对感应效能的自然制约"，亦即"依存向度对感知向度的具体规定"。

据此我们可以解决很多难题。譬如基督教神学上关于"神的位格"的疑问：如果主（至高的"主体"）或上帝存在，则他一定只能处于人的衍存位相之后，而不可能成为人的创生者（当然更不可能成为宇宙和自然的创世者），因为人从来未能普遍地瞻仰到神的尊容（即人的感应效能不能对等地覆盖其后位存在者），但据说神却无时无刻不在俯察着人的造孽（即神的感应效能足以覆盖其前位存在者）。

基于上述，针对惠子的那个具体问题，我们现在至少可以得出三点扼要的意见：（1）、相对于人而言，鱼处在自然物演的原始位相上，它的感应或感知效能相应偏低；（2）、但也因此，鱼就是人的先祖，或是从原始动物进化为人的一个必经阶段，按照生物学家海克尔发现的"胚胎重演律"，生物的个体发育是系统发生的简短而迅速的重演，就是说，人的胚胎期，要经历从受精卵（相当于原始单细胞生物）发育到囊胚期（相当于原始多细胞融合体）、再从类似于鱼、蝾螈、龟等具有鳃裂和尾的胚胎前期阶段、以及类似于猪、牛、兔等较高等陆生动物的胚胎中期阶段、最终发育成具有种种体智潜能的婴儿，或者也可以这样说：人曾经当过一次鱼；（3）、撇开人类的文明进化级差不谈（那是另外一个问题），就当时可以对话的两个人而言，他们处在自然物演的同一位相上，亦即处在感知效能对等的地位上，因此他们之间当然能够相互了解，将心比心，即是说，庄子拿"子非我"来论证"安知我不知鱼之乐"，是不能成立的狡辩。

谈到这里，"惠子问题"的答案已不言而自明，我们不避啰嗦，帮人帮到底，代庄子最后把话说完："我乃鱼之嗣，故知鱼之乐。"——这就是有关"子非鱼安知鱼之乐"的简略答词。注释如下：我处在鱼的感应上位（即后位），因而足以体会鱼的下位（即前位）感应状态。须知我自己曾经就是一条鱼（在物种系统进化的古生代志留纪前后并且重演于人体胚胎发育的早期阶段），而当我在母腹中作为一条鱼的时候，我没能感受到强烈的苦乐颠簸，这种低感应度的麻木状态就是鱼的"悠然乐怀"之所在。如今我作为更其残弱化的人，不得不相应生出更其富厚的心理感应或情愫代偿，结果反倒不免把自己弄得疯疯癫癫、其苦不堪。于是自觉尚不如鱼类那般木然无知的无聊稳态为佳，是以生此感叹耳！

本文姑且到此收笔吧。但实际上，这个问题还有更深的几层含义可以讨论。譬如，即便你的感知效能足以覆盖前位存在者，然而，作为对象，你对它的感知程度是否因此就能够贯穿无余？如若不能，感知的限度在哪里？感知限度的纵深运动如何发生？再者，作为不可换位的主体，即作为感知者，你是否因为可以在某种程度上体察对象，你就一定足以获悉你自己的主体性质？好比庄子问："子非我，安知我如何如何……"，言外之意，似乎只有他自己知道自己的状态，可他真的知道自己是什么吗？诸如此类的问题，我们不再烦扰读者。在这里，我只想顺便多说几句闲话，借以回应时常有人提及的一个小问题：你为何选用"子非鱼"作为笔名？答曰：我不是鱼，所以我不可能从根本上知道鱼的一切；就算我是鱼，我也不可能知道我为什么竟然就是一条鱼；总而言之，我发现我无论如何都不可能彻底揭示世界的本真，尽管我整天费尽心机就想做成这件事。于是，我终于明白：我之所知，仅限于我之所需；我之所需，仅限于我之所在。只有当我"在的状态"发生了某种变化，我"知的状态"才会发生相应的变化。这种随"在"而变的"知"显然只是"在"的浮面上荡起的浪花，从这一点上说，"我之所知"与"鱼之所乐"没有本质上的区别。有鉴于此，"子非鱼安知鱼之乐"一语，不是恰好问出了我的哲学处境吗？

18. 自然界里没有飞跃

人法地，地法天，天法道，道
法自然。

老子

没有一件人间俗事值得我们为
它牵肠挂肚。

柏拉图

啊！宇宙，凡是与你相和谐的
万物也就都与我和谐。凡是对你适
合时宜的，对我也就都不迟不早。

马尔库斯·奥勒留

一个人的步履说明了他是否走
在自己的路上。看着我如何走路！

尼采

拿一块石头，譬如碳酸钙，去和一条章鱼作比较，你一定
会觉得它们是全然不同的东西，没有任何可比性；再者，拿人
和动物譬如美洲豹作比较，尽管你已知它们之间可能具有进化
上的传承关系，但你仍然会认为这中间发生过一次次巨大的飞
跃，二者早已出现了质的不同。所以，从常识上看，"飞跃"似
乎是不可否认的事实，不然，这世界上哪来如此判然有别的

万千物象？也所以，被马克思誉为"头脑最复杂的思想家"黑格尔，早就为人们准备好了一套"从量变到质变"的"飞跃"理论，结果刚好轻松愉快地投合了专门用来掩盖无知的常识，于是，大家从此真理在手，心安理得。达尔文大约不太有闲工夫去玩弄辩证法之类的附会技巧，因而只管信口说出他自己内心深处的直觉和信念："自然界里没有飞跃"！我想，他当时的根据恐怕只有一条，那就是，自然演运和物种进化用不着拿这么个多余而又拙劣的东西来图解。

有关"飞跃论"的道理一般是这样举例阐释的：水在0℃以下时呈结冰的固态，随着温度的渐次升高（量变），它会在某一个关节点上，譬如0摄氏度以上，陡然变成液态（质变）；如果继续加高温度，即量变的过程不间断的进行，到100℃时，它又会一下子变为气态；这种在"量"的渐变过程中，屡屡发生"质"的突然转化，难道还不算是存在着"飞跃"现象的有力佐证吗？但这个例子恰恰表明，根本就未曾发生任何"质的转变"或"飞跃"，因为水无论呈现为固态、液态或气态，它终究还是氢二氧一（H_2O）的水，它只是改变了自己的"态"，丝毫也没有改变自己的"质"。你也许会立即反驳，说我举这个例子别有用心，不足为训。那么，好吧，让我再来列举一个你大概都会认为有些过分的例子，比方说，拿一块石头（无机分子物质）直接去跟美洲豹（高等哺乳类生命物质）加以比较，这其间总该发生过"质"的变化和无数次"飞跃"了吧？

然而，此例照样不成立，而且从古到今都不成立。早在两千多年前的古希腊自然哲学时期，哲人们就一直在探讨有关"世界本原"的问题，譬如泰勒斯仅仅留下了一句传世名言"水为万物之原"，即足以被奉为人类思想史上的第一位圣哲，随后很快就有留基伯和德谟克利特相继提出了"原子论"，请注意，这里已经萌发出"万物同质"和"万物一系"的潜在意蕴或概念。近现代以来的自然科学简直就是古希腊哲学思脉的继续,从卢瑟福建立"原子"模型、到物理学的前沿一直在追踪"基本粒子"、再到当前"夸克"乃至"顶夸克"的发现,原始的"万物同质"和"万物一系"概念得到了进一步的确证,以至于这个问题业已变成了一个科学困惑,甚至业已超出了科学研究的能力范围和对象范围,有著名的"盖尔曼疑难"为证。盖尔曼(M·Gell-Mann)是"夸克"的发现者,并因此获得诺贝尔物理学奖,但恰恰是这位追究终极的科学巨擘,明确提出了自泰勒斯以来一直悬置的大问题:"夸克是所有物质最基本的基石,所有物体都是由夸克和电子组成,只不过数目有多有少。即使是美洲豹这种古已有之的力量和凶猛的象征,也还是一大堆夸克和电子。不过这一堆夸克和电子真令人惊诧! 由于几十亿年的生物进化,美洲豹显示出惊人的复杂性。"盖尔曼发问:"在这儿复杂性到底精确地意味着什么呢? 它是如何产生的呢? "这个问题其实包含了这样一组超科学的哲学疑难:什么是"物"? 什么是"类"? 什么是"质"? 什么是"态"? 再者,什么是"演变"? 什么是"转化"? 等等。

返回到原初话题上,即是说,如果万物的"质料"是同一的,其间只有"物态"上的差异,那么,所谓"质变"就永远不成立,因为说到底它们只是"态变",犹如小孩子用同一块儿泥巴捏出不同的玩物造型一样。试问,这里有什么"飞跃"可言?

从这个高度出发,达尔文说"自然界里没有飞跃",显然比黑格尔说"从量变到质变的飞跃",要具备更多的哲学深刻性。尽管达尔文只是一个生物科学家,黑格尔却是一个专业哲学家,而且据说还要算是最了不起的哲学家之一,这实在是一件令所有搞哲学的人不免汗颜的事情。

关于这个问题的答案，我无法在如此篇幅的小文章里把它说清，但读者至少应该明白，所谓"量变"的"量"必须在某个更深的基层里去寻找，而所谓"质变"的"质"永远与"态"没有分别。一切"转化"、"进化"或"演变"注定是一个同质的进程。因而应当将"内质"与"形态"这两个空洞概念，合并为"质态"一词来使用，借以澄清"质"与"态"在存在性上的完全同一，即它们被规定在存在性的同一"量度"上。如果一定要人为地分割"质态"，则勉强可以说，"质"表达着存在度的规定，"态"表达着代偿度的规定，而代偿度就是存在度的实现，故任何分割终究还是不能成立。

人类的质态是相当轻浮的。这种轻浮就表现在他们随着物演存在度的递降而逐渐飘离了宇宙的本原和大体，并将自身完全寄托于存量极小却高度分化的后衍物态上。所谓"高度分化"就是高度代偿化或高度复杂化，为了能够在这样麻烦的失位境遇中生存或依存，他们也只好相应地建立起一套高度分化的感知识辨系统，而且要求此一系统最好赋有如下三项基本素质：第一、它对较切近的生存条件，在感受上应保持最大限度的普遍性和鲜明性。也就是说，它既要能够把感知的对象范围尽可能延展开，又要能够把物类的细微差别尽可能扩大化，只有这样，它才会既不遗漏掉什么，也不至陷入分辨不清的混乱境地；第二、对于较原始的基础条件，它又应该将其作为感受切近条件的媒介来加以利用，只有这样才能达成感受的普遍性。故此，一切生物的视觉均建立在各种物体对原始光粒子的激发或反射的基础上，其听觉又以原始波粒子所奠定的万物基本运动形式之一的振动为刺激源，而组成味觉的基本要素之一"酸"亦同样来自于原始核物质中的质子（即氢离子）对味蕾感受器的生理作用等等，由以达成生物感觉的高度效能。第三、既然如此，则由于一般总是将原始条件混淆在切近条件的可感属性之中（或混淆为切近条件的可感属性之一）加以感受，所以对于原始条件本身的感受不免失去鲜明性。这种损失是必要而有益的，它既可以为我们减轻感知的负荷量，又不会造成我们对切近生存条件的漠然无知。

不过，大约正是基于如上三点感知规定，世界在我们眼里才会变得"飞跃"起来。那不是由于世事在飘荡，而是由于我们自己的心境在飘荡，犹如打坐场上的禅宗弟子守不住神，便能看见旗幡的飘动，亦能感到风儿的吹动，禅师却说，既不是幡动，也不是风动，只不过是你的心动而已。我在这里不是要否认事物本身的客观演动，而是要说事物演动的表观形态还得受制于我们对它的感知方式。具体的情形对应如下：

第一、由于我们的感知方式倾向于将对象的细微差别扩大化，所以我们总会把平滑渐进的动势误判为"飞跃"。譬如，用三棱镜将混合光区分成可见光谱，人类一般只能看出红（波长700～610纳米）、橙（610～590纳米）、黄（590～570纳米）、绿（570～500纳米）、青（500～460纳米）、蓝（460～440纳米）、紫（440～400纳米）等七色。这七种颜色在我们的主观感觉上是截然不同的，但实际上，各相邻色觉之间的波长纯属平滑过渡，断无任何一丝一毫的跨越或"飞跃"。不过，话说回来，倘若我们全然没有这种感知上的斩截和"飞跃"，想必人们不免会陷入无所适从的混淆状态，要知道，所谓"近视眼"就是看不清较远物体的边界，即眼球聚焦缺陷导致远方物体的边界模糊化。这就好比一个猿人要在秋季的一片黄叶（光感波长590～570纳米）里寻找微微泛红的成熟果子（700～610纳米，最少处只差20纳米），假如他的主观感知不肯"飞跃"一下，即不肯给出一个视觉中枢处理上的截然分界，则人类那些可怜的先祖恐怕非得眼睁睁地饿死不可，哪还轮得上我们今天坐在这里讨论飞跃不飞跃。

第二、由于我们只能借助于原始物态条件（如光子、波粒子、质子和电子等等）来建立自身的精神神经生理系统，因此，不但是感性，而且是整个知性乃至理性思维系统也必须在感性的基础上，进一步加大对象在表象和概念上的区别。这就是亚里士多德所发现的"形式逻辑"（即"知性逻辑"）的基本规律，所谓"同一律"（A＝A）、"排中律"（A是B或不是B）、"矛盾律"（A不是非A）等等，实际上都是为了把原本可能并无截然分别的对象，在逻辑上进行截然分别的处理，非此则不能建立任何概念的内涵和外延，从而也不能使最起码的思维推理活动得以展开。尽管后来的理性逻辑竭力要打破这种主观误差，但低级的理性逻辑（譬如处于从知性到理性之过渡阶段的"辩证逻辑"）只能把这个误差提升到一个更高的层级上搅浑，结果它非但未能消除这个误差，反而把这个偏于琐屑的误差弄成了彻头彻尾的误导。

第三、由于我们早把对原始微观条件的感受完全混同在切近宏观条件的感知之中了，也就是说，我们的感知系统一开始就建立在缺乏或淘汰细微感受性的基础之上，这就导致我们很容易忽略或失察在基础层面上发生的微观演动和细小变化。比方说，一般情况下，我们根本看不见作为生物进化基础的分子变化和细胞变化——例如，物种之间在进化表型上的巨大差异，在基因分子组型上其实只是一个极其连贯的点滴累进；况且我们更看不见作为整个宇宙物演基础的粒子变动和原子变动——而实际上，任何物质形态及其物质属性的改观，可能都是发生在粒子或原子的重新排列或结构微调基础上的。既然我们对于这些极其微妙而又极其重要的东西一概盲目，我们还有多少靠得住的理由，敢去轻率地谈论什么"量变"、"质变"和"飞跃"呢？

依我之见，若从最深处讲，这个倒霉的世界或许从来就没能"飞"过一次，也未曾"跃"过一回，它极其持重地稳步演动，尚且把自己的造物闹得死去活来，绝灭纷纷，何敢轻狂到飘忽起来的程度？在这世上，大约只有人类不知高低，轻举妄动，所以他们比较容易误认为天下皆然。这倒也情有可原，因为他们自身就是宇宙物质演化运动越走越晃荡的临终产品，于是，仿佛醉鬼看天下似的，所有的东西当然也就全都变得颠三倒四起来。

19. 黑格尔: 辩证逻辑的圈套

> 我们踏进又不踏进同一条河,
> 我们存在又不存在。
>
> **赫拉克利特**

> 上升的路和下降的路是同一
> 条路。
>
> **赫拉克利特**

> "真理是弯曲的, 一切直者皆虚
> 伪, 时间之自身便是一个环。"侏儒
> 鄙视地咕哝着。
>
> **尼采**

> 大成若缺, 其用不弊。
> 大盈若冲, 其用无穷。
> 大直若屈, 大巧若拙, 大辩若讷。
>
> **老子**

一种思路, 如果老是从原点出发, 兜一个大圈子后又返回原点, 那就是典型的循环论证。好比有人问:"人是什么? "答曰:"人是理性动物"。可如果你还想深究一层, 再问:"理性动物是什么? "答案却又转了回来:"理性动物是人。"结果, 你从谓语中的所得终于丝毫不比主语中的所问多出什么, 这就是辩证法。据黑格尔自己说, 他的哲学就是这种"像圆圈一样"从"绝对理念"出发、最终又"回复到自身"的逻辑系统。但你应当小心，这类圆圈通常恰好就是一个圈套。不待说，这个圈套首先就套住了黑格尔本人。

说起黑格尔，中国现时稍懂一点儿哲学的人，无不对其存有高山仰止的崇敬之心，大家开口"辩证法"，闭口"矛盾论"，闪烁其辞，跳跃两端，真有玩儿不尽的滑溜和机智。不过，我却有些怀疑，到底有几个人真正弄通了他的思想？一般来说，对于一种学说，如果你不能有所超越，那么你就不太可能完全读懂它，尽管昂首批判它的人——譬如费尔巴哈——很可能是一个更大的糊涂蛋。

让我们先来看看，黑格尔哲学究竟想要解决什么问题。

西方哲学史的发展大体上经历了这样一个过程：起初是率然追问身外的世界，即"存在的本体"，如古希腊的自然哲学时期；尽管随之也发现了所欲追问的世界总不免折射出追问者自身的精神痕迹，或"理念的背景"，如毕达哥拉斯学派、爱利亚学派、尤其是柏拉图；但终究未曾想到或未曾证明：对自然本体的设问本身（即"本体论"）直接就关联着对精神本体的设问。

直至公元17世纪，笛卡儿敏锐地意识到，所谓"外部世界的存在"总须被统摄在精神之中才成为可以指谓的"存在"，从而提出，只有"我思"是唯一可以证明的存在，由此开创了近代"认识论"的先河。不过，从直觉上，笛卡儿又不能否认外部世界的存在，于是，著名的"二元论"就此诞生了。

然而，一系列问题也由此发生：既然"心灵实体"是唯一可以确证的存在，那么，怎么能够又说"物质实体"存在或不存在呢？这岂不是明摆着要为自己认定不能证明的东西予以证明吗？显然，笛卡尔从"怀疑"出发却走入"独断"，合理的推论应该是:精神以外的东西到底存在不存在一概不可知。这便顺理成章地造就了休谟。

既然"不可知",何以又会"有所知"? 知性 —— 哪怕是"纯粹知性"—— 这时总该探讨一下了吧,否则,说什么"可知"或"不可知"不是照例也属于一种"新的独断"吗? 康德就为此思索到老,并成为继亚里士多德之后着意拷问"知的规定性"的近代第一人。诚然,他的这番努力不可谓业绩不著,但终于还是未能澄清"知的规定性"如何与"在的规定性"统一,反倒更弄出一大堆"二律背反"的麻烦。

至此,必须有人出来收拾这个残局:他既不能又跑到"精神"以外去独断地大发议论,亦不能全然置精神认知的"对象"于不顾,同时,他还得设法消解康德及其前人所提出的知性或理性中的种种矛盾和混乱。这可不是一件容易的事情,因此,即便他运用某种穿凿附会的方法,只要能够一举解决如此复杂的一揽子问题就值得给以大大的喝彩。于是,黑格尔那"辩证的绝对的理念"之光辉一时把人照得眼花缭乱也就不足为怪了。

此后,便有人说,黑格尔是哲学的终结,此言不错。因为黑格尔确实将传统经典哲学表面上的所有漏洞都填补起来了,相应地,他同时也就将既往哲学的深层不足暴露无遗:那就是,他不能说明"精神本身为什么会存在"(所以他就只好乞灵于一个独断的"绝对精神"),以及,相应的,他也不能真正说明"精神本身如何存在"(所以他就只好乞灵于那个老朽的"辩证方法")。

显而易见,黑格尔的目的只是想要澄清,"封闭的精神系统"如何才能与"整个存在系统"相统一。也就是说,辩证法不过是他临机借来的一种逻辑狡辩工具而已。

那么,对于辩证法或辩证逻辑本身,我们究竟应该给它一个怎样的评价呢?

简言之，古猿刚一变成人，辩证逻辑就开始捉弄这帮可怜的新生命了。也就是说，黑格尔的逻辑学不是理性逻辑的成熟表达，而是理性逻辑的幼稚体现，黑氏的功劳就在于他居然能够将如此稚嫩的逻辑思绪给出如此淋漓尽致的逻辑阐发。一言以蔽之，辩证法是理性逻辑最原始、最低级的过渡形态。

有史为证：在人类还没有文字以前，辩证法就已经通行于世了，所以，中国人历来把老子的辩证思想称为"黄老之学"，即从东方的第一个文明先祖"黄帝"开始，所使用的基本思想方法就是辩证逻辑。再看，中国最早的一部经书《易》，里面充斥着阴阳辩证的所有花样，那是后人对原始部落惯用的占卜术所作的文字化整理，其中的基本符号"爻"，实际上就是原始人用树枝、草茎或吃剩的残骨（以后专用蓍草，茎有棱，可折节为筮），摆出来代替文字的占筮图形。西方也不例外，早在古希腊，大多数哲人或智者都是辩证思想家，如赫拉克利特、巴门尼德、以及苏格拉底等等，只不过，严肃的希腊人更倾向于把它看作是一种不登大雅之堂的"诡辩术"，因此，真正的学者从来不屑于将它视为研究的宗旨，顶多偶或借来穿凿一下当时实在说不清楚的难题。所以，亚里士多德精心研究逻辑学，却反而给出了被我们称为"形而上学方法论"的形式逻辑三大定律，即"同一律"、"排中律"和"不矛盾律"。也就是说，亚氏认为，在逻辑上出现矛盾是不允许的，是思维混乱的表现。这一点，当今最伟大的科学家及其科学理论也同样严格地予以遵循，尽管他们是在更高一级的理性逻辑层面上遵循之。

读到这里，你也许会产生一丝反感，以为我完全是在刻意贬低辩证逻辑，其实不然，我只不过是要把辩证法摆在它应有的位置上，而不肯让它虚发高热罢了。惟因如此，我倒认为，黑格尔将亚里士多德的"形式逻辑"说成是"知性逻辑"，实属一言中的，只可惜他犯了两项根本性的失误，结果导致罗素给了他一个更低的评价:"黑格尔的学说几乎全部是错误的。"(引自《西方哲学史》)这两项失误是:第一、他未能说明人类理性及其精神现象的自然渊源,于是他当然也就说不清知性逻辑的真正内涵,即他不懂"知性逻辑"是典型的"动物逻辑",而人类的"理性逻辑"是从动物的知性逻辑中增长出来的;第二、他因此同样未能说清辩证逻辑在自然逻辑演化史上的自身窘况和发展前途,即他虽然承认辩证理性只是达成思辨理性的中间过渡阶段,但他终究无法阐明思辨逻辑的运动规律,亦即无法摆脱沿用三一式辩证合题的方式来图解理想逻辑的陈旧套路。

我在这里不想把话说得太深,只想谈一些有趣的话题,滤掉一些过于明显的谬见。现在先谈精神现象的由来:所谓"精神",过去都认为它是人类独具的理性状态或理性气质。但这样看问题,你永远也说不清"精神"的本质和规定,既往的哲学——包括黑格尔的思路——之所以颠三倒四,都是出于这个原因。实际上,按照"万物一系"的自然演化原理,"精神现象"无非是原始物理"感应属性"的代偿增益产物罢了。也就是说,随着自然物演存在度的不断递减,后衍物质的分化依存属性相应递增,它经历了从原始理化的"感应"→低等生物的"感性"→后生动物的"知性"→晚近人类的"理性"这样一个不间断的进化过程,也就是从"感应"到"感知"的进化过程。问题在于,越进化、越高级的物种,它的存在稳定性越差,表现在它的"主观属性"上,就是它的感知状态也越来越动摇。譬如,粒子之间的电磁感应是极准确极稳定的,它们各自的依存对象只是单一的对偶关系("感"与"应"瞬间同时完成,即"感应一体");原始生物的感性相对而言也还算牢靠,那时的主体感性器官很简单,即尽可以不对太多的外物产生感觉("感"与"应"相继发生,即"感应迟滞");但到了脊椎动物的知性,情形就有些麻烦,因为它必须面对高度分化的诸多依存对象,这就出现了亚里士多德所谓的"形式逻辑"或"知性逻辑"。所谓"知性逻辑",其实就是所有后生动物(譬如脊椎动物)在不同程度上都具备的本能识辨反应或直觉判断能力,这个判断反应程式是被各物种的遗传基因所决定的,因而它当然是静止不变的。之所以说它是"知性",乃由于它必须在一个相对比较复杂的感性表象上进行诸多对象的选择判断,好比一只麻雀,它既能看见树枝和树叶,也能看见种籽和毛虫,它会本能地在这幅表象上做出选择,判断如何绕开树干,直扑可食的种子和毛虫,这里表达着最原始的"同一律",即决不发生识辨上的混淆;及至进化到哺乳动物,譬如一头非洲狮子,它光有"同一律"已经不够了,因为它所面临的对象更多、更复杂,比方说,它要在较多的猎物中进行选择,并要在各猎物的不同分布状态下考虑怎样才能较有把握地获得成功,于是,"排中律"和"不矛盾律"应运而生,作为它防止判断动摇的辅助法则。实际上,人类日常活动中的反应,大多还是在使用从动物那里继承过来的知性,或知性与理性的混合。可见,知性有两条特点或优点:第一、它在对感性表象进行本能的或直觉的选择判断之后,当即就可以发生具有针对性的反应行动("感"与"应"尚未完全分裂);第二、因此,相对于理性而言,它是一种较简捷、较稳定的高效识辨系统。其缺点是,如果你不得不面临更趋复杂化的对象依存关系,它就会显得难以应付了。

理性由此应运而生。它的特点是,在知性判断完成之后,主体还是拿不定主意,亦即处在判断动摇的危机状态,于是,他只好将知性判断的结果转化为"概念",以便在行动前对该项结果继续推敲,或在一系列更繁复的概念之间进行推理,这就是理性("感"与"应"完全分裂)。既然把知性后面的"行为"变成"概念"是由于对知性判断发生了动摇,那就必须进一步琢磨那闪烁不定、左右摇摆的"概念"本身,或者说,必须进一步测度那内涵不确、外延不清的"概念"边界，这就是辩证法或辩证逻辑得以产生的初衷。所以，无论是东方的孔子，还是西方的柏拉图和亚里士多德，他们都告诫人们，请你在行动之前，先去探求两端，以便最终找到不至于让你碰壁的"中庸"出发点。例如，柏拉图说，"勇敢"是介于怯懦（"软弱"）和鲁莽（"激情"）之间的恰当分寸（并且必须在"智慧"的掌控之下，由以还能显示出个人人格上的"正义"质素云云），这话说得很漂亮，可当你真正面临手持凶器的歹徒抢劫时，你到底该在偏于怯懦或偏于鲁莽的哪一个具体点上表现勇敢，却实在是一桩格外费思量的难题，迫于形势，恐怕你只好再把自身行为的控制权交给知性，即立刻凭借性格天赋和本能判断，决定逃跑、告饶、谈判还是搏斗，至于最终结果是什么，那就不好说了，但总比你呆在那里进行一番没有任何确切量度的辩证思考要强一些。

人类就这样掉进了辩证逻辑的圈套，因为你必将碰到越来越多的比遭遇强盗更复杂的问题。然而，上述例证表明，辩证逻辑只能让你游移不定、首鼠两端，它虽然是与你生存状态和感知状态相适配的必然产物，但也仅仅是一个分外困窘的理性初始过渡阶段，你不能停留在这个阶段上洋洋自得，而是要么在简单问题上退回到知性逻辑那里，要么就必须向前推进到理想逻辑的境地。所谓"理想逻辑"，是指在极其复杂的对象两端或多端对象之间进行细致入微的定量分析和定性判断，就像伽利略用归谬法的"逻辑实验"来证伪亚里士多德的落体原理，或像爱因斯坦用虚拟法的"理想实验"来建立相对论那样。说得简单一些，譬如黑格尔曾讲："生命的每一瞬间，是生，同时也是死亡。"但这样讨论问题，你永远也不会知道生命的本质到底是什么，现代科学逻辑证明，在多细胞生物中，生命尽管在每一瞬间都有体内细胞的死亡和更新，但每一种细胞的增殖代数是有限的，即随着细胞增殖过程的发展，细胞染色体上的端粒体倾向于渐次缩短，直至停止分裂、生命死亡为止，这是一个单向度的进程，绝没有双向跳动的可能；再看生命的起源，它是从分子进化中演变而来的，而且随着生物进化的继续前衍，越晚近、越高级的物种，其生存力度越衰竭，直至生命从地球上完全消失为止，这也是一个单向度的进程，也同样没有辩证轮回的任何可能性；这才是生命运动的本质、渊源和趋势。放眼整个宇宙，能量运动的"熵"照例倾向于不断增大，这个一点儿也不给辩证法留面子的热力学第二定律，预示着辩证法在偌大的自然界里根本找不见它的立足点。

我无意否认辩证逻辑的存在，它是整个自然感应发展和生物逻辑进化的一个必经阶段。但我一点儿也不想崇拜它，因为它实在只是人类理性逻辑的最低水准。要知道，它的普遍适用性恰恰出于它的原始低端性，因为越低级的东西一定覆盖面越广、稳定性越大。限于篇幅，也限于此书的读者群体，我不想在这里接着讨论理性逻辑的纵深状态，那是一个过于枯燥的专业话题，你不去钻研它，大约也不太妨碍你的思维逻辑跃迁到较高的层级上。然而，如果你痴心坚守着那个辩证法宝不放，那你就只好去体验一下固步自封的滋味了，仿佛一个落伍的人掉队太远，早已看不见前面的人群，却还以为自己在独步天下哩。

20. 理性逻辑方法谈

一个人若拥有自己的智慧，哪怕只有一分，其价值也万倍于他人的智慧。

斯特恩

知道何为智慧的人一定是一位智者。

色诺芬

哲学将理性之刃磨利，科学用理性之刃自裁，时不时地回访一下哲学，宛若"借刀杀人人自乐"。

子非鱼

求知者应该和山在一起学着构筑！精神移山，只是小事——你已经知道这个了吗？

尼采

我原不打算用这种漫谈的方式讨论这个问题。一则嫌它过于枯燥，怕搅扰了读者海边拾贝的雅兴，也许人家本来并不想下水捞鱼，你却硬把别人往水里推，未免太不知趣；二则嫌它不够严谨，如此海阔天空地东拉西扯，岂能就玄奥的逻辑学讲出什么名堂，到头来大抵不过自欺欺人而已。后来架不住友人的激劝，说你只管乘兴批评了辩证逻辑一通，却不肯耐心作出后面的交代，犹如窃贼偷走了人家惯用的好工具，还舍不得给失主顺便留下一柄随身携带的破家伙，闻之，不免叫人耳热心跳。于是，写下这篇应景文章，权且当作失物赔偿吧。

不过，逻辑学现已发展得门类繁多、十分复杂，我在这里只能依循亚里士多德"知性逻辑"（即"形式逻辑"）的固有模式，继承性地给出一个有关"理性逻辑"的大体框架，至于形成这种接续关系的原委和细节，只好一概从略不谈了。

再则，把某种逻辑思维状态称为"方法论"是很不恰当的。因为，你把自己的识辨依存过程运行在哪一种推理程序上并不是一件可以任意选择的事情，它首先取决于你处在哪一个自然衍存位相上，其次取决于你所面临的具体问题，而从根本上讲，这两者是一回事儿，总之都由不得你来挑肥拣瘦。我之所以在本文标题上仍然沿用"方法"一词，实在只是为了迁就人们的习惯。

为了阐明这个最起码的道理，我不妨先说一点儿并非多余的题外话。

如前所述，人类的知性逻辑是从动物那里传承下来的，严格说来，高等动物的知性逻辑又是从低等动物的感性逻辑那里发展出来的。有人或许会问，简捷直观的感性也有"逻辑"可言吗？是的，既往哲学的失误就在于它找不见这条逻辑学的自然根脉。试想一下，你给一部电脑输入了一大堆数据符号或像素信息，该电脑却能给你显示出一幅形色逼真的虚拟图像，它后面没有一套复杂严密的逻辑程序行吗？须知，动物和人类感官里的亿万个感觉细胞给感觉中枢所输入的，也是这样一大堆杂乱的信息要素，它之能够呈现为某种图景或表象，乃是由于在我们的基因编码、感官构造和神经系统中，必有一套生理性的感性逻辑整理程序存在，只不过在人类的上层显意识逻辑建构中，我们已经无法直接调阅这个潜藏很深的基层逻辑整合过程罢了。再深究一步，应该说，感性逻辑又是以更原始、更简单的理化感应作用——也可称作"始基感应逻辑"——为其基础的，例如，激活感觉细胞和神经纤维的东西正是那些最不起眼的宇宙原始物质，如光子、电子和离子等等。可见，"逻辑的演化序列"（逻辑史）完全和"宇宙的物演进程"（自然史）同出一脉，且相互协调。换言之，任何一个物种，它的认知逻辑一定与它的自然演化位格相匹配，反过来说也一样，任何一种逻辑质态，如果它发生了某种动摇，那么一定是其逻辑载体发生了自然进化位相上的衍动，从而要求某种代偿更新的逻辑体系随之派生。

人类负载的辩证逻辑，就是动物固有的知性逻辑发生了动摇的产物和状态，它因此成为理性逻辑的先声，也就是理性逻辑的初始低级阶段。

然而，就感知属性本身而言，它的自然规定性是必须为生物依存建立起一个清晰有效的识辨系统，如果这个系统发生动摇和混乱，则生物的存在不免危乎殆哉。不妙的是，自然物演的唯一方式恰恰是"分化"，也就是令任何一种后衍载体不得不面临越来越繁纷的依存对象，这就造成原本在知性逻辑水准上可以简化处理的表象模式，必须予以另外方式的重新整合。而且，这个新的整合方式还必须采取尽可能简约的原则进行，否则该生物的生存处境立刻就会陷于"疲马加鞭"的窘迫危局之中，这就是哲学史上著名的"奥卡姆剃刀"或"思维经济原则"得以贯彻的原因。

谈到这里，我们可以切入正题了。

　　说起来，知性逻辑（形式逻辑）就是动物们贯彻"思维经济原则"的一种天然约定状态。譬如，"同一律"（A＝A）就是动物在面临A、B、C、D……等诸多依存对象时，依据当时的具体情况和生理需求，本能地暂时只对其中某一类对象发生兴趣的识辨判断；而"排中律"（A是B或不是B）和"不矛盾律"（A不是非A），又是较高等的动物在面临分化度更高的依存对象系列时，本能地避免发生识辨混淆，从而使自己的当下判断立即回归"同一律"状态的逻辑反应；至于后来由莱布尼茨等人追加上去的"充足理由律"，其实已经是超出知性逻辑的因果判断了，或者可以把它看作是知性逻辑与理性逻辑达成无间断联缀的一个中间环节。再往下看，则仍可以说，辩证逻辑也是人类早期不自觉地受制于"思维经济原则"或"自然简约原理"的同一范例。譬如，按照黑格尔的"对立同一论"，A和非A这两个概念里面尽可以包含不计其数的不同物类，也可以只具有忽略不计的细微差别，如何划定其内涵和外延，全看你当时的临机需要；再如，中国古代的阴阳辩证，既可以指谓男女，也可以划分南北、色调、音韵、强弱等等，简直不一而足；但，它由此造成的不确定性和识辨混淆也因而达到了前所未有的程度。

　　于是，随着人类生存进程或文明演历的位移，一种试图对上述那类认知混乱和动荡情状加以纠正的逻辑程序相继产生，而且它在更深广的范围里以更缜密的方式照样贯彻着"思维经济原则"。它的基本运行状态类似于当前科学界最高领域所奉行的"理想实验"（指暂且脱离实验室观测条件的纯逻辑推演活动或假说猜想方式），我特地依此范式来界定我所说的"理性逻辑的高级阶段"，即给它一个专用名词——谓之"理想逻辑"。从严格的中文字义上讲，"理想"一词原本并不与任何乌托邦式的"愿望"相干，而是指超然于感性直观和知性判断之上的一种思维方式，"理想"者，"纯粹推理之想"的称谓，即起之于"理"（指概念或命题）、又终之于"理"（新一层的概念和命题）的纯思想的过程，是乃典型意义上的理性逻辑。它的基本特点是把本能的"判断"变成在概念上展开思维的"推断"，或者说，是把面临低分化依存对象的"识辨"转化为面临高分化依存对象的"思辨"，从而让自身的逻辑运动足以超时空地或多向可塑地观照整个世界。不过，实话说，这也是由于人类已经演化到几乎不得不拿世界上的全部分化物来支持自身的弱态生存所致。

现在，让我们来专心探讨继发于知性逻辑四大定律之上的理想逻辑相关定律：

简一律——与知性逻辑的"同一律"相对应。即在整理知性素材时，思维运动必然自觉或不自觉地遵奉着"诸物一系"的事先预设，并竭力将这"一系"简约为（或在感知序列的更高一级上抽象为）"一理"，是谓"简一律"。它与同一律的不同之处以及对应之处在于：同一律是在任何一个"知觉系统的点或面"上严守着"A = A"的规定，而简一律是在任何一组"知觉系统的分化体系"上严守着"A系 = A理"的规定，如此而已。

注释：凡属真正理性化的思想系统，它一般都会运行在一条基本原理上，也就是说，你可以最终把它归结为一个极简约的概念序列，而且愈高深者就一定愈简约。倒是那些没有达到理想层面的粗浅想法，反见其头绪多端，含混芜杂。所以，牛顿的整个力学系统可以表达为一个方程式 $F = ma$；爱因斯坦的质能理论可以用 $E = mc^2$ 予以阐明；达尔文关于《物种起源》的巨著及其全部进化论学说可以归结为"自然选择"这样一个基本概念；而我在哲学专著《物演通论》一书中所拟表述的宇宙总体衍运法则归根结底也就是一条"递弱代偿原理"。而且，正是由这些符合简一律的理性概念组合搭配（它其实早已出现于人类的原始思想成果中，譬如"图腾崇拜"、"神"、"上帝"，再如泰勒斯的"水"、老子的"道"、柏拉图的"理念论"、托勒密的"地心说"等等），才建构起人类精神体系中的基础性"文化基因"（即类似于里查德·道金斯在《自私的基因》一书中所说的"文化传播单位"mimeme 或"拟子"memes），并通过这些文化基因的发展、扬弃或变异，终于逐步促成了人类精神体系的代偿增长和演动进化。再者，即便有人认为世界是杂乱无章的，他也一定要提出"世界之所以杂乱无章"的"一条道理"，否则即不成其为理性思维，而仅仅是一片不联贯的知性表象或曰"知性的朦胧"，于是他一般也就不会产生出世界是杂乱无章的"想法"，或者至少不会产生出世界是杂乱无章的"道理"。说到底，人类之所以是可以"明理"的或可以"理喻"的，即人类之所以总是倾向于发现或接受"道理"（包括普通的"事理"和严格汉字意义上的"道之理"），皆源自于理性逻辑的此一规定。另外一个很有趣的现象是，动物在知性逻辑表象上必须达成"同一律"的状态、以及人类在理性逻辑表象上最终达成"简一律"的状态，颇像是原始主、客体之间"一点式"对偶感应关系的继续（譬如电子与质子、与原子核、甚至与分子之间的那种简一对偶关系），这里暗示着从"感应"到"感知"的自然统一代偿规定，也暗示着"简约原理"在逻辑发展全程上的物演统一贯彻效应。

排序律——与知性逻辑的"排中律"相对应。即在整理知觉表象系统时，思维运动必须将业已无法简单"排中"的繁复系统分解为若干组成单元，并参照整个系统就各单元的存在状态予以定性、定量或定位，是谓"排序律"。它与排中律的不同之处以及对应之处在于：排中律是在任何一个"知觉系统的点或面"上规范着"A 是 B 或不是 B"的关系，而排序律是在任何一组"知觉系统的分化体系"上规范着"A 是 B 以及 C、以及 D……"的织合，由以确立逻辑系统的有序结构。

注释：在这里，排中律所要"排除"的"中"正是排序律所要"排列"的"序"之空档或位置所在，显然，此刻的A与B、C、D等完全相容，而且A之所以成为A，就在于它是B、C、D等的相容关系的体现。这个逻辑变态恰好与物演进程的结构分化和感知序列的系统分化相吻合，也就是说，哲学上所谓的"分析判断"及"综合判断"之渊薮尽源于此。回过头来看，可见"判断"本身亦须经历那个从"点"到"面"到"体"的发展过程，即在自然感应代偿的进化途中，最初的判断只是一个无所"判别"的"断"（指感应过程落实在一个"孤立的无面的点"上，故无所谓"判断"）；尔后变为"判"之同时就完成了"断"的简单复合（指感应过程已落实在一个"多点的平面的点"上，排中律就实现在此一位格上）；再往后才形成了"判而断之"的这个分析与综合共和于其中的所谓"判断"（指感应过程须落实在一个"多面的立体的点"上，此乃排序律的逻辑位相）。由此实现了逻辑维度——或曰"逻辑空间"（表现为复多维度的"感想无涯"状态）——与自然维度（表现为复多维度的"时空无限"存在）的统一，以及逻辑序列从低维度态向高维度态递进的自身之统一。

消矛盾律——与知性逻辑的"不矛盾律"相对应。即在整理感知系统各层级上的诸类抽象要素时，思维运动必定要设法消除其间的种种混乱、迷失和关联障碍，并按照简一律所规定的"一系化"（即"一理化"）原则将表面上互不相容甚或相互矛盾的诸端梳理成一个统一和谐的系统，是谓"消矛盾律"。它与不矛盾律的不同之处以及对应之处在于：不矛盾律是在任何一个"知觉系统的点或面"上受制于"A不是非A"的规定，而消矛盾律是在任何一组"知觉系统的分化体系"上发掘着"A之为A正在于它源自非A或导致非A"的机制，从而使矛盾终于不成立。

注释：由此可见，一切"矛盾"都是 A 与非 A 之间发生隔绝的产物，或者说是 A 与非 A 之间未能沟通的观念迷失。黑格尔的对立同一论之"对立"和"同一"，就分别是从上述之"隔绝状态"到"沟通状态"的笼统写照，而他的整个哲学体系最终只能落实在"绝对精神"这一个"A"点上，却不能同时落实在"绝对物质"那一个"非 A"点上，就表明即便是某种专论"矛盾"的思维系统也照例必须遵循"消矛盾律"这一铁定的理性逻辑法则。再说，"非 A"（或汉字意义上的"盾"）未必恰恰是"A"（或汉字意义上的"矛"）的对立面，尽管它确实是"非 A"（即确实不是"矛"），把一切"非 A"（譬如"盾"以外的其他东西）都统统归结为"A"的反极，着实是理性思维暂且无法摆脱知性表象之混淆状态的原始困窘表现，或者说是不成熟的理性逻辑不得不亟尽附会用智之能事的低级过渡阶段。顺便说一下，这个始于赫拉克利特（更早可追溯到建立起华夏阴阳学说的"文王演周易"时代甚至黄老思脉之前）、终于（或集大成于）黑格尔、横跨不止数千年人类思想史的窘态逻辑如今正在迅速衰微并终将被理想逻辑所取代。

追本溯源律 —— 与知性逻辑的"充足理由律"相对应。即在整理感知表象结构的互动关系时，思维运动势必倾向于追索各个相依单元的存在因和联动因，并通过对其内在关系的推求于不同深度（即"程度"）上达至"元一"（即"简一"）的境界，是谓"追本溯源律"。它与充足理由律的不同之处以及对应之处在于：充足理由律是在任何一个"知觉系统的点或面"上直接判定其前因的自足性反应，而追本溯源律是在任何一组"知觉系统的分化体系"上间接探讨其总体联系或"多因本原"的反应前预备程序，由以造成"知"从"感应一体"中分离出来的结局（即分离为"感"、"知"、"应"的结局）。

注释：逻辑（logic）就这样从逻各斯（logos）中独立成"理性实体"（或曰"理念"、"精神"、"灵魂"、"意识"等等）。实际上，知性逻辑的四条定律本身就是理性逻辑得以衍生的自然进化步骤，即同一律→排中律→不矛盾律→充足理由律，依次表达着感应确定→感应动摇→感应混乱→感应延伸的失位性代偿进度，从而引导着理性逻辑渐渐凸显出来。严格说来，最初被留基伯表达为"因果关系"的所谓"充足理由律"（后来被莱布尼茨表述为"事实真理"的根据和准则），其实还是以"因果律"的称谓为妥，因为在知性的前期阶段，"因"尚不能呈现为"理"（或"理由"），而仍是某种"非理"的直观表象，即便它后来萌发成"理由"（此刻的"知性"已与原始的"理性"无大分别），那"以因为理"的"理"亦照例不能澄清"前因"何以"成因"的原委，于是也就不可能使作为"因"的"理由"真正得以"充足"，固然这"理由"不能"充足"的缘故又恰恰是因为相对于知者自身的存在度而言，这浅显的"理由"已足够支用或代偿充足了。仅在这个意义上，"充足理由律"才能够成立，直到"追本溯源律"与之天衣无缝地衔接起来，从而令"理由"得以继续"充足"下去。这个进程在理想逻辑的代偿演运阶段还将继续不停顿地发展，例如，爱因斯坦毕其后半生都在追溯和探究有关综合物理学四大作用力的"统一场论"，他的信念和动力其实就来自于这条逻辑律，尽管他未能完成这一事业，但最终一旦实现，它就会把今天的物理学理论带入一个更高的"简一律"境界。

基于上述，可见理性逻辑并不是知性逻辑的辩证反动，而是知性逻辑的代偿顺延。而且，那个从知性中走来的"直观的因"要想成为理性中之"充足的理"，就必须超脱于相对僵硬的"直观"之束缚，亦即必须沿着"虚拟感应"的路线进一步"虚化"下去，以至于使之抵达"纯理之想"的境界——这就是"理想逻辑"的完整质态。不过，也就因此，理想逻辑的依存对应度或正确化概率终将趋于进一步下降，而且它落于失效或被证伪的速度也将倾向进一步加快，这是另外一个话题，于兹不赘。

需要补充说明的是，亚里士多德所总结的"知性逻辑"在自然生物史上已经存在了数亿年不止；黑格尔所总结的"辩证逻辑"在人类演化史上也已存在了数万年不止；而我在此所谈的"理想逻辑"在人类文明史上至少亦有数千年的使用期了。就是说，逻辑史一定滚动在自然史上，而且它每时每刻都有某些不易被察觉的细微演变，各逻辑形态之间根本没有明确的分界。我们在概念上必须对它加以分割，只不过表明了我们自身的主观属性状态不得不接受动物知性逻辑的支配，或者说，只不过表达着前体代偿质态（如"知性逻辑"）对后衍代偿质态（如"理性逻辑"）的自然规定性罢了。再者，任何一种逻辑学理论当然属于理性思维的成果，但这并不意味着那个作为对象的逻辑本身一定也必须是理性的，这是两码事儿，自应能够分得清楚。

罢了，让我赶紧就此打住。

临末，我得给读者道一声"对不起"，拿这样一个板着脸唬人的东西也来冒充哲理随笔，简直无异于偷梁换柱，所以，我特此声明：本书里仅此一篇，下不为例。但话说回来，我们经常能够看到一些学究式的人物在处理问题时，有意把"复杂"当"高深"，把"矛盾"当"条理"，结果终于只把自己由还算"明白"糟踏成彻底"懵懂"，叫人觉得惨不忍睹。万一你将来运气不好，只能去做寂寞的学问或清苦的研究工作，那么此处之所谈未必不会给你带来一丁点儿助益，若然，则算我有望将功折罪了。

21. 波普尔悬念：科学的真面目

据说，神是由于陷入了某种谬误而创造了宇宙万物。

叔本华

哲学家的事业正在于追究所谓自明的东西。

康德

太阳每天都是新的。

赫拉克利特

自然和自然律隐没在黑暗中，
神说"要有牛顿"，万物俱成光明。

诗人波普

现代人都由衷地相信科学，这很正常，横竖人总要信仰点儿什么才行，就像古时没有科学，人们就得造出些迷信的花样来，不然心里空落落的，日子便不好过。但，相信科学至少应当先弄清两件事儿：第一、科学知识究竟是什么？也就是问，你凭什么相信它？在解决了这个疑问的基础上，才好提出下一个更为现实的问题，即，第二、科学知识是怎样增长的？也就是问，如果你想在科学上有所创新，具体得怎么做？乍一看，这两个题目太平常，似乎不该是跻身于科学时代的人所不明白的道理，然而，你试着回答一下，就会发现它是个无底的深渊。

20世纪中叶，专门研究上述问题的"科学哲学"方兴未艾，此时在欧洲出了个著名的科学哲学家叫波普尔（K.R.Popper），他提出了一套可以简称为"证伪主义"的尖锐学说，语惊四座，一石激浪，结果把前面那两个问题闹得愈加扑朔迷离。首先，波普尔发问：科学与非科学如何区分呢？自从近代思想界严厉批判了中世纪基督教经院哲学繁琐空洞的思辨方法以来，一般人很容易追随第一个吹响实证科学号角的弗兰西斯·培根，认为科学区别于非科学的主要特点，就在于前者特有的经验归纳方法及其可证明性，（至于什么叫作"证明"？那是一个很微妙的逻辑学问题，迄今很少有人能说清楚，限于篇幅，省略不谈。）即是说，科学知识一定是观察积累的结果，而且这个结果一定是可以被实验过程或经验事实充分证明的。从表面上看，这早已是无可置疑的常识，用不着再为它说三道四。然而，波普尔却偏偏提出了一个完全相反的意见，他说，科学与非科学的唯一区别恰恰在于科学的可证伪性，即凡属科学的东西，它总是能够被证明为是错的，而且，科学精确程度越高、内容越丰富的理论，其可证伪度也就越大。这在逻辑上意味着，科学知识的真实性很低，而且倾向于越来越低。

波普尔的说法对不对？让我们用史实来说话。

先看什么东西不能被证伪：波普尔列举出来的有宗教、神学、占星术以及形而上学等等。试问，你能拿出实例来证明世上绝对没有上帝吗？但宗教却永远可以举出无数事实证明这个精致美妙的世界一定是受神灵支配的；占星术之类的伪科学一般更需要经验和观察来支持，它得观天象、察世道，还得钻研人情、摸透人愿，辛苦得很哩！想想看，哪一个被迷信弄得神魂颠倒的人不是以自己生活经历中的真实感受为基础的？再则，唯物论与唯心论争执了上千年,争出了个什么结果呢?什么结果也不会有,因为你所能列举出来作为证据的东西,正是你应该加以证明的东西,或者说,所有你能拿出来的证据本身正是需要你证明的对象,这使得一切证明和证伪都落于无效,所以,唯物论有多么正确,唯心论也就有多么正确,它们总归是无可辩驳却又势不两立的永恒真理。

相比之下,真正科学的命运就显得颇为悲惨了:古代天文学家、数学家、地理学家托勒密,最早发现了大气折射和天球北极在星空位置的变化,还观察到了月亮和行星的不规则运动,并对它们作出当时可信的理论解释,成为科学史上不可或缺的一环,然而,不幸得很,他的"地心说"后来竟变成科学误导的范例,弄得臭名昭著,一败涂地。正是基于对托勒密学说的证伪和批驳,哥白尼才建立起他那著名的"日心说",从而开创了近代科学的先河,但未过数百年,哥白尼的理论又被证明是不够正确的,因为太阳并非是宇宙的中心,连银河系的中心也算不上;并且行星的运行轨道也不是正圆形,而是椭圆形。诸如此类的事例不胜枚举,譬如林奈的生物分类学不可谓不严密,但终于不免要遭到达尔文进化论的否证,而达尔文的理论系统现在看来也已破绽百出,难说哪一天会被人们抛在一旁,备受冷落。同样,牛顿力学的问世曾经震撼了整个世界,说它缔造了人类的工业文明应该一点儿也不过分,况且,在长达二百年间的科技实践中,它被科学界反复证明是千真万确的,以至于许多相当著名的物理学家都认为"物理学被终结了";曾几何时,爱因斯坦的相对论又使牛顿的力学体系受到严峻挑战,它的普遍有效性现在已经大打折扣了。有鉴于此,尽管相对论目前看来气势夺人,其理论普适性足以横跨从微观到宏观的各个领域,但爱因斯坦还是早早就赶紧做出声明,说他的学说不过是一个"短命的过渡"而已。看来,科学家已经被科学本身的不可靠性和证伪特征给弄怕了，他们的自信远没有神学家那么坚定不移、理直气壮，他们的气概更不及唯物主义者那样唯我独尊、器宇轩昂。

不仅如此，再往深里看，真正的科学创新活动，事先倒不太需要经验观察和归纳方法，那是理论创新之后的事情，与创造性思维活动本身无关。波普尔赞同休谟对归纳法的批评，休谟认为，从单称命题中不能导出普遍命题，把在时间和空间里不断重复的事件归结为必然的因果联系是缺乏逻辑合理性的。依据科学史上的事实，波普尔提出了他那著名的"P_1（问题）→TT（试探性理论）→EE（消除错误）→P_2（新的问题）"所谓"试错法"的科学知识增长模式，从而使科学进化的原动力由消极被动地等待经验积累，变为"猜想与反驳"这样一种积极创造的活动，波普尔承认，这里隐约表达着康德哲学思想的深刻洞见。事实上，科学理论——准确地讲还是把它叫做"假说"为好——的创新一直是这样进行的。譬如，克里克和沃森提出DNA双螺旋模型的时候，人们当时还根本看不见染色体的细微结构；再如，爱因斯坦给出相对论假说的猜想在前，爱丁顿非洲之行的科考观察在后；也就是说，科学创新的启动一定先有一个证伪的思路在前面引导，随后才需要实验和观察来予以验证。哥白尼因质疑托勒密的"地心说"而提出自己的"日心说"，但当时的证据并不充分，时隔一、二百年之后，最具说服力的"金星盈亏"、"光行差"和"恒星视差"等证据才逐步被发现；达尔文随贝格尔舰做环球博物学考察，他最初在几个小岛上看到的个别中间型变异现象，根本不足以否定整个生物学领域的物种分类理论，但由此引发的怀疑和证伪思路，却无疑是他返航回家之后历时20年进行实验和研究的起点。

科学史上还有一段趣闻，可以从另一个角度澄清上述问题的实质：16世纪著名的天文学家第谷，曾经拥有丹麦国王专门为他拨巨款修建的近代第一座真正的天文台，在这座皇家天文台里，第谷专心致志地工作了将近20年，观测到的天象资料既系统又精确，可以说几乎包罗了望远镜发明之前肉眼所能观测到的全部天象。然而，出于宗教信仰，第谷一开始就坚决反对哥白尼的新思想，死抱着"地心说"的陈旧逻辑模型不放，结果，他终其一生未有大的建树。你不能说他不想有所突破，因为直到临去世前，他还在喃喃地叹息："我多么希望我这一生没有虚度啊！"他的一生的确没有虚度，但这多亏了他有一位暗中拥护哥白尼的弟子和助手，此人便是被后人称作"天空立法者"的开普勒，开普勒完全依据第谷的观测记录资料，极其精确地计算出太阳系六大行星的运行轨道，创立了划时代的"开普勒三大定律"。而且，还有一件事情特别值得一提，当开普勒发现行星运动轨道并非是正圆形的时候，他注意到古希腊时代的阿波罗尼早就完成了圆锥曲线中椭圆性质的研究，借用这套数学逻辑，恰好适合太阳系天体运行的基本规律。这个典型事件让当代大哲怀特海不由得大叫："物质未曾来到，精神先已出现。"就连爱因斯坦也为此感叹道："知识不能单从实践经验中得出。"

第谷的终生遗憾，其实就是因为缺乏一个先行的证伪思路；同样的观察资料之所以引发了开普勒的科学变革，其实也就是得益于哥白尼对地心说的一点儿质疑。换言之，在第谷的眼里，一切"事实"都不过是托勒密逻辑的继续；而在开普勒眼里，哥白尼的逻辑缔造了全新的"事实"。这里有一个问题颇为耐人寻味：究竟是理论在前还是观察在前？究竟是逻辑引导事实还是事实引导逻辑？有人说，这是一个类似于"先有鸡还是先有蛋"的永远扯不清的玄论，我倒以为未必。

看来，拿"是否以观察积累和经验归纳为实证逻辑之出发点"作为分辨科学与非科学的标准是完全不可行的，波普尔提出的"可证伪性"倒的确是科学与非科学的唯一分界标志。要知道，一切非科学或伪科学的东西，它们最大的一个共同特点就是，无论出现了怎样严重的不相容事实，这类理论都能通过对自身加以微调，然后又振振有词地说，诸此事实恰恰证明了原来理论的颠扑不破。换言之，非科学和伪科学的基本特征就表现为"放之四海而皆准"，并且永无止境地"准"下去，任何人在任何时候都甭想修正它或推翻它。反之，大凡属于科学的东西，它总得经受越来越严格的检验，稍有一点儿与之不符的事态出现，它就会开始发生动摇，直到有一天部分倒塌或轰然崩溃为止。而且，随着科学进程的发展和理论精度的提高，它被证伪的速度还倾向于越来越加快，试看，托勒密的地心说稳定地统治思想界长达1400年；哥白尼的日心说却在不到400多年里就被发现有严重偏差；牛顿的学说更恓惶，它的寿命又骤减了一半，才神气了200年就被爱因斯坦给挤到后排座里去了。

于是，由此引出了一层困惑：倘若非科学是不证即伪的学识，而科学又是凡证皆伪的学识，那么，包括神学、哲学和科学等三大文化发展阶段在内的一切人类思想成果，其可靠性或有效性的基点又在哪里呢？这是波普尔哲学必将面临却无从回答的一个大难题——我们可以把它称作"波普尔悬念"，暂且留给读者自己去思考。

在这里，我只想把话题拐到对大家可能产生某些启迪作用的方向上来，那就是，如果你将来想做一个有出息有建树的科学家，或者，不说那么高远，哪怕你只求在自己谋生的研究工作领域有所创新，那么，请记住，下面两个要件是必须深刻理解的：

第一、"博学决不是真理"（黑格尔语）。也就是说，你千万不要整天忙着去学习别人缔造的现成知识，结果只把自己变成了一个蛀书虫;也不要一味地搜集和归纳正在研究的课题素材,那是一个无边界、无休止的徒劳历程。重要之处在于,你必须敏锐地发现研究对象的可疑点,即必须找见可能对此前观念产生证伪思路的蛛丝马迹,也就是必须首先提出问题,然后调动思想,建立猜测性假设或假说的逻辑模型,由此开始,你才算真正进入了研究状态。否则,你的辛劳可能会像马戏团里的无事忙丑角,四下奔波之余,汗水倒也拧出了一大把,只可惜终于一事无成。

第二、"真理的尺度就是真理本身"(黑格尔语)。也就是说,你千万不要相信实践是检验真理的标准,因为所有过去的理论都已经接受过实践的检验,如果这样就能证明它属于真理,那还要你来干什么?须知经实践检验越久的"真理"距离自身的崩溃点越近,与其说它是客观上屡试不爽的真理,毋宁说它是有待你去主观重塑的谬误。而且,你也不要指望自己就能发现什么根基永固的真理,因为根基不固恰好说明你的发现属于科学范畴而不是伪科学的糟粕,只要事后能够证明,你的逻辑暂且可以纠正现行理论的某些漏洞或偏差,那就算你没有白辛苦。

讲到这里,不免露出了马脚:既然"真理"的表现竟是如此"荒谬",我们还何苦要没完没了地追索它?为了暂时打消你的疑虑,以便你能够像拉磨的驴子一样只管蒙着眼睛勇往直前,看来有必要把上面引用黑格尔的那两句并非精当的话修改一下,第一句改为:"博学决不能导出新知";第二句改为:"真理的基点就在于没有真理";这样一来,你就可以毫无顾忌地沿着科学的既定方向,拼命地朝着"证伪——创新——再证伪——再创新"的无目标方位一路奔跑下去,无需左顾右盼,也无需担忧真伪,至于到头来你究竟跑到了哪里,谁也说不清。但有一点可以放心:它反正不会是绝对真理的辉煌终点。

22. 逻辑比事实更真实

> 人不会为事物所左右，但会被他们对于事物的思想所左右。
>
> **爱比克泰德**

> 我听过许多人谈话，在这些人中间没有一个人认识到，所有的人都离智慧很远。
>
> **赫拉克利特**

> 能够被思维的事物与思想存在的目标是同一的，因为你决不能发现一个思想是没有它所要表达的存在物的。
>
> **巴门尼德**

> 人是万物的尺度——是存在物存在的尺度，也是不存在物不存在的尺度。
>
> **普罗泰戈拉**

一瞧这个标题，你也许会觉得它多少有点儿哗众取宠的味道，似乎光在字面上，它就已经过多地流露出唯心主义的叫嚣。不过，我倒以为这个标题还未能把它应有的深度表达出来。因为，依我所见，唯心论属于比较浅层的哲思，它只看到了"心"，却找不见支配着"心"或决定着"心"的那个深在要素,一如卢梭之言:"心自有理性所不知的理"。

当然,唯物论有两种可能:一则是它比唯心论还要浅薄,居然连"心"也视而不见,其情形就像隔着玻璃乱撞而又不能将玻璃纳入视界的苍蝇,它的最大特征就是总想去批判唯心论,仿佛那只苍蝇指着玻璃外面的景象作为证据,便硬说玻璃不存在一样,殊不知那玻璃可能是一片儿花玻璃,所谓"玻璃外面的景象"其实是将玻璃本身的图案重叠在上面的。二则是它比唯心论远要深刻,即它不仅想隔着雾蒙蒙的玻璃来澄清那景致成象的原委,而且尤其要解析这玻璃内外的总体存在如何使玻璃得以生成,所以它决不会妄想打掉这块儿玻璃,自然也就不会与唯心论本身发生无谓的争执。倘若它要批评唯心论,它一定首先会表示通融,即充分理解这些可怜的哲学家为什么宁可匍匐在貌似透明的精神实体上琢磨,也不肯贸然碰壁的高明;其次才会指出,这样做只能算是在那个玻璃板的垂直平面上跳滑步舞,却决不可标榜为一条出路。不过,这样一来,它已不再是唯物论了,因为它同时包容着唯心论,所以那个"唯"字也就全然失去了意义。

实际上,说"逻辑比事实更真实",等于只说了一句同语反复的废话。因为,在你面对任何一个"事实"发言之前,那"事实"早已是一个"逻辑事实"或"逻辑命题"了,所以,说"逻辑比事实更真实"就等于说"事实比事实更真实",故而也就等于什么也没有说。好比有人指着挂在空中的太阳问道:"太阳是什么?"你总不能只把那太阳再用手指点一下就算做过了回答,而是必须说出你对太阳的看法。如果生活在古代,你会答之曰:"太阳是太阳神的居所";如果糊里糊涂地不知怎样给变成了现代人,你又会说:"太阳是氢核聚变的一颗恒星";总之,你所谓的"太阳"，已不是那个亮煌煌地挂在天上的东西，而是你的一个不断变换的"逻辑命题"或"逻辑概念"，或者说得更准确一些，是一个不断演动的"逻辑模型"。

既然如此，为什么还要说"逻辑比事实更真实"这句废话呢？这就有必要先来看一看"事实"是怎样形成的、以及"逻辑"又怎样拉动着"事实"在它的思维链条上演运。不过，这个话题实在有些太啰唆，你最好自己去读一点儿维特根斯坦的逻辑学专著，我在这里只想做一个最粗疏的交代，以便你能继续阅读这篇比较好玩的文章的下文。维氏说："世界是事实的总和，而不是事物的总和。"大意如我前述。但维氏的"逻辑"是朝下说的，即"事实"由"事态"（或"原子事实"）构成，"事态"又由作为逻辑终极单元的"简单对象"构成等等。而我眼下所要说的，是"事实"如何沿着"逻辑变革"朝上发展，即朝更麻烦的方向发展。

还拿"太阳"来作比例。公元2世纪，托勒密依据日月星辰都围着地球旋转的"事实"，相应给出了"地心说"的"逻辑模型"，这样二者既完全相符，又前后一致，在那个时候，你当然应该产生"事实比逻辑要真实"的感觉，即"事实"在先，"逻辑"尾随。然而，等到哥白尼于16世纪给出了"日心说"的"新逻辑模型"时，人们看见的"事实"并没有发生丝毫变化，依旧是日月星辰绕着地球转（旧逻辑模型），这下子，"事实"跟"逻辑"发生了背离，哪个更真实呢？一般人当时自然认为哥白尼纯属瞎说，只有布鲁诺和伽利略认定"逻辑比事实更真实"，结果一个被烧死，一个被软禁，但到头来终究还是"逻辑"战胜了"事实"。由此开始，"逻辑变革"在前，"常识更替"在后，"逻辑比事实更真实"的局面突然展现开来，严格意义上的科学时代就以这样怪诞的姿态亮相了。

再看，公元前4世纪，亚里士多德最初提出了一个符合"事实"的自由落体"逻辑"，即物体越重，下落得越快，你若做一个试验，拿一张纸片和一块石头同时抛出，石头一定先落地。可你得小心，大凡"事实"一旦与"逻辑"完全合拍，那个逻辑就有栽跟头的危险，而且那个"事实"会像纸片一样随后也跟着飘落。果不其然，伽利略就从亚里士多德的那套逻辑出发，反过来推论亚氏的逻辑不能成立，这个方法叫做"归谬法"：根据亚里士多德的理论，一块大石头要比一块小石头落得快，但，假若把这两块石头拴在一起会怎样呢？从小石头的角度看，下落快的大石头应该被下落慢的小石头拖着而减慢，反过来，从大石头的角度看，小石头又会被大石头拖着而加快，结果，整体的速度似乎将比小石头快比大石头慢。然而，两个石头捆在一起要比大石头重，可它反而却比大石头落得慢，这个推理结果违反了亚里士多德的理论。因此，伽利略在未做比萨斜塔上的那个具体实验之前就已经意识到，大小两块石头的下落速度理应是快慢相等的。此刻，猜想的"逻辑"硬梆梆地击碎了眼见的"事实"，它直截了当地证明，单纯的头脑比眼睛加上头脑要可靠。所以，如果这个时候的哲学家，譬如笛卡尔和贝克莱等，开始怀疑"心"以外的"物"以及"思"以外的"感"，你恐怕不能再说他们的神经系统出了毛病，反倒是那句"眼见为实"的古老箴言从此堕落成一个无聊的市井口头禅。顺便说一句，我们过去总爱把科学叫做"宇宙观"、把哲学叫做"世界观"，这显然是犯了一个很大的错误，其实，它们自始至终都不过是某种飘忽不定的"逻辑观"或"逻辑模型的演动系列"罢了。

事情还不止于此。继伽利略之后，牛顿又闹出了一个比"事实"更出奇的"逻辑"。在现实世界里，任何人如果想移动一个静止的物体，总得给它施加一定的外力，可牛顿偏要说，保持物体处于运动状态并不需要力，改变物体运动状态譬如使之静止反而需要外力的干预。牛顿将自己的运动定律运用到开普勒的行星定律中，从而于1687年推演出万有引力定律。此时的逻辑作用不仅要改观已有的事实，而且还能预见当时看来根本不存在的事物，万有引力定律最有意义的贡献是根据这一理论为实际天文观测提供了一套逻辑运算方法，只凭少数的观测资料，即可计算出天体运行的长轨道周期，而且计算结果十分精确。利用这一逻辑，后来人们预测了肉眼看不见的海王星及冥王星的位置，并最终发现了这些遥远的行星。从此以后，"逻辑"已不是比"事实"真实与否的问题了，而是"客观事实"必须在"主观逻辑"里才能摸索找到，后来的麦克斯韦方程和爱因斯坦相对论就是这一逻辑化进程的历史明证，由他们演绎出来的这些现代"事实"，你哪怕把眼睛瞪得再大也全然看不见一点儿踪影了。实际上，19世纪以来的科学"事实"，无论是物理学上的（如原子物理学或粒子物理学）、化学上的（如无机分子或有机分子）抑或是生物学上的（如RNA或DNA基因），都已不是经验实证上的"事态"（state of affairs）或"简单对象"（simple object）的集合产物。而且，从下文可以看出，这个逻辑函项的动势倾向于越来越虚无缥缈，而不是越来越逼近"事实"，可见，维特根斯坦的逻辑实证哲学有问题。

在这里，有一个疑点值得思考，那就是，我们平常所说的"客观"与"主观"到底有没有区别？因为客观也是"观"，"观"是主体行为，"观"过之后，何"客"之有？足见"客观"二字并列在一起纯属悖谬，说到底，它的实际状态与"主观"一词毫无二致。倒是"主观属性"本身实在应该算是一种客观性（或客体性）的东西，就像猫儿会逮老鼠的"主观能力"直接就是一种"客观的自然现象"一样。把话题转回来，也就是说，一切所谓的"客观事实"都照例不过是"主观实事"罢了，只不过，人们通常把"感官上的事实"看作是"客观"的，把"观念中的事实"看作是"主观"的，同时又想当然地认定，感官上的影像一定比头脑里的观念显得更贴近真实。但，人类认识进程的发展总是反其道而行之，偏偏要让运行在逻辑上的观念摧毁感官上的事实，这种无可奈何的局面就是"逻辑比事实更真实"的原委。

那么，能不能因此就说"逻辑比事实更可靠"呢？我看不能。因为，根据上述，我们尽管可以确定，一切"客观事实"都是在"主观逻辑"上演动出来的产物，但所谓"逻辑比事实更真实"的"真实"二字，其实只表达了一个"实"字的含义，而"实"字所能表达的，也仅仅不过是"高速变位的逻辑主体"与"相对静止的客体世界"之间的协调契合关系。至于这种协调契合关系是否一定要建立在"真"的基础上，却是一件十分可疑的事情。道理很简单：倘若这中间反映了"真"，那么由于"客体世界"相对静止，则"逻辑事实"也就应该相对稳定。既然现在已知两者之间发生了错动，你总不能说"客体世界"不真吧，那就只剩下"逻辑事实"出问题了。也许你接着会这样想：说不定越后衍的"逻辑事实"（或曰"逻辑成果"、"逻辑模型"等）越逼真呢。我当然无法绕过逻辑，直接把"客体世界"端在盘子里来给你作一番比较，可是，要知道，演动在"逻辑"脉络上的"事实"倾向于越来越难以验证却是一桩无可置疑的史实。所以，伽利略关于自由落体的逻辑可以很快在比萨斜塔上得到证实；牛顿关于万有引力的逻辑则要等百余年之后才能在海王星和冥王星上得到确认；及至发展到爱因斯坦的逻辑阶段，物理学界已经发出这样的哀叹，说相对论是"理论的天堂、实验的地狱"。换言之，处于逻辑后衍位相上的超验"事实"越来越不像"事实"，也就是显得越来越飘摇，而人们之所以非要用"实验观察"来证实它不可，不外是由于我们本能地认为，处在逻辑原始位相上的"事实"——譬如"眼见的事实"或"经验事实"——可能更可靠一些。须知"感"(认知)是为了"应"(依存),倘若后来的"感"(指"超验事实")反而使我们越来越难以为"应"(难以适应),那么我们又凭什么说它可能更"真"呢?足见这个低级的本能未必全然没有道理。

这个发自本能的"道"理源于如下自然规定:从感知逻辑的演化进程上看,越原始越低级的认知方式(也就是逻辑质态)越稳定,越后衍越高级的逻辑序列(也就是认知方式)越动摇。譬如,感性比知性稳定,知性又比理性稳定。所以,几百万年的人类史,他们看菜叶总是绿色的(感性),这一点永远不会变化;可要判断哪个菜叶能吃或好吃(知性),则不免会稍微有些犹豫不决或游移不定;如果再问菜叶生长的生物学机理(理性),那就简直可以说是日新月异了:200年前是"活力论",100年前是"进化论",现在又是"基因论",再往后还不知道是什么"论"呢。如果我们依循这个视角进而审视一下人类的思想史,也就是演动在人类文明进程上的"事实"更迭史,你会发现越原始的"知识"或"事实"越稳定,即越不容易被证伪,越现代的"知识"或"事实"越动摇,即越不容易守得住。譬如,人类的思想史无非跨越了三大阶段,那就是神学阶段、哲学阶段和科学阶段,神学上的东西最难被证伪;哲学上的概念起初尚可稳定数千年,以后数百年或百十年就会发生某些变更;而科学上的"事实"已如上述,它现在大概连几十年的有效期都维持不住了,有人做过某种统计,说当代知识的老化速度平均每十年就要翻新一遍。如此看来,波普尔有关科学与非科学的"证伪主义"学说,到底只谈了一个小范围的现象,它在大尺度的自然演运史上所表达的,其实是逻辑本身的失真趋势和失稳趋势而已。

于是,我们人类立刻滑入了这样一种危险境地:一方面,他们不得不承认"逻辑比事实更真实";另一方面,他们也不得不承认"逻辑比事实更闪失"。换句话说,我们的眼睛倾向于越来越盲目,而我们的头脑也倾向于越来越失效。我们先前还只是一个睁眼瞎子,我们将来更得变成一个没头苍蝇。因为,我们必须生活在"事实"之中,可"事实"却偏偏运行在"逻辑"之上,这"逻辑"好比一匹由不得骑在它上面的人驾驭的烈马,这烈马正在高速冲入愈来愈浓重的雾霭之中,如此"盲人骑瞎马",敢问一句:前途山高路险,汝欲何去何从?

社会趋繁┄┄繁归动摇

23. 猴子与人: 分歧源头上的疑点

> 他永远被一幻觉所困扰: 从远处看去怎么一个猴子竟像一个人?!
>
> **叔本华**

> 分手的时候到了, 我去死, 你们去活, 谁的去路好, 惟有神知道。
>
> **苏格拉底**

> 大自然塑造了我,
> 然后把模子打碎了。
>
> **卢梭**

> 初生的婴儿总是不美的, 革新中的事物也是如此, 因为革新正是时间所孕育的婴儿。
>
> **弗兰西斯·培根**

猴子是否想变成人? 这似乎是一个很难处理的问题。因为你不是猴子, 所以你的回答终归无效, 而猴子自己暂时又无法作答, 倘若待它变成了人再说, 一则等不及, 二则等来的答案仍然是人的意见, 结果还是照样无效。于是, 只剩下一个反推的办法可借来试用, 那就是, 倒过来问人是否愿意还原为猴子, 但这样一来, 你会给自己惹下更大的麻烦, 因为那被问者一定立刻恼火起来, 觉得你提出这个问题本身就是意图羞辱他。不过，此时此刻，上述问题却已临近解决：你惹下的这桩麻烦表明，人不太情愿变回猴子，将心比心的话，则猴子当然应该很想变成人才是。

大约正是基于这样一番复杂的推理，人们在解释猴子（灵长目古猿）为什么会变成人时，总是不由得要把猴子的意志代入其中。譬如，一般的想象不外乎呈现如下一派景况：森林在雷鸣电闪中失火，众猴惊慌，纷纷跳下树来夺路逃命，事后绝大多数又糊里糊涂地返回林中，重新攀援到树上等死，只有一小部分较聪明的猴子从此决定留在地头另谋新生。于是它们不得不直起腰来，以便于眺望远方，觅食避敌，渐渐地，屁股缩向前方，胸脯高高挺起，直立成为习惯，双手得以解放，"手不仅是劳动的器官，而且是劳动的产物。"（恩格斯语）结果这帮不甘为猴的猴子终于如愿以偿——劳动创造了人。

这种说法着实生动而可信，先后迷倒了无数聪明猴子的后代，反正现在谁也想不起来自己当年做猴子时的打算，所以尽可将其视为颠扑不破的真理。然而，这个不伦不类的故事很像拉马克对"长颈鹿的脖子"所作的描述。拉马克是一位著名生物学家，他早在达尔文之前半个世纪就提出了物种进化的观点，不过，他的解释很有些别致，例如他说长颈鹿的脖子之所以变长，是因为群鹿争食，树林里低处的树叶遂被吃光，只有那些硬把自己的脖子往长伸展的鹿才能吃上高处的树叶，动物的器官用则进化发育，不用则退化萎缩，长颈鹿的脖子就这样越变越长了。这就是所谓的"后天获得性变异学说"。但这里发生了一系列问题：其他那些不肯把脖子伸长的鹿何以居然没被饿死？再者，如今那些仍旧趴在树上的猴子早有我们作为榜样，却为何反倒越发不肯努力变人了呢？还有，转回来推猴及人，我们后天学得的知识和经验为什么总是不能直接遗传给不肖儿孙呢？

事实上，这个问题早在达尔文那里就已得到解决，只是由于多数人平日里尽管总是把进化论挂在嘴边，却从来没有认真解读过达尔文学说，才让拉马克所谓"用进废退"的谬种广为流传。尽管当时达尔文本人也坦然承认他搞不清遗传与变异的内在原因，但观察和实验表明，变异现象和进化过程是由先天突变和自然选择协同达成的。也就是说，猴子变人是基于某种遗传属性的畸变所导致的结果，只不过这种畸变恰恰符合了自然演运趋势的规定，才使无数随机突变中的某一类畸种得以存留。或许，这些有望变成人样的畸形猴子当初十分的痛心疾首也说不定，就像眼下你若生有双倍聪明的两颗脑袋未必会令你感到自豪一样。加之，可以想见，下树的猴子当年一定非常狼狈，行则三摇四晃，站立不稳；卧则无荫可庇，日晒雨淋；特别令其懊恼的是，它们还舍近求远地丢失了挂在树上的现成果实，从此陷入食不果腹、饥寒交迫的困境，于是只好慢慢学着敲打石具、拢火取暖、狩猎游牧、四季农耕，最终弄得疲于奔命，劳苦不堪。所以，问题应该反过来追究才对：那些后来难免产生悔恨之心——有基督教关于"原罪"及其"失乐园"的教义为证——的丑陋的人类先祖，为什么无论如何都不能返回到其乐融融的美猴旧途上去呢？再则，为什么反倒是那些摇摇晃晃、残损失稳的货色，譬如上述由不得自己而跌落树下的畸形猴子，后来居然气焰高涨、势成主流了呢？

第一个问题大概与单向度的自然演化趋势有关：某种内外压力所形成的惯性机制，要让最初的分歧越拉越大，即纵这分歧的一方终于不免走向邪路，化为异己，它也只能一往无前。让我们假设，有一只畸形的长腿直立猴迷途知返，想要重归趴在树上的旧群，那树上的猴群就算接纳了它，它也休想找见恋爱的对象，仿佛现在正常的姑娘不肯嫁给一个畸形人一样。于是，它只有两种选择：要么打光棍，结果让自己这种可能是最优良的品种断子绝孙；要么只好羞答答地折回树下的长腿猴群里，结果还是让自己的丑态祸及儿孙且万世不绝。直到有一天，这当初自惭形秽的一族越走越远，越变越丑，以至于已经认不出自己的远祖竟是那另外的一群树猴，此时它们反而会生出自以为美的感觉，并且也断不允许自家的小姐嫁给那帮怪里怪气的家伙。至此，分歧彻底固定，新种得以确立，进化终告完成，当初那些无论是想变成人的猴子或是想变成猴子的人都已不作妄想，于是各认天命，皆大欢喜。

第二个问题大概与分化代偿只能建立在不圆满的基础上有关：不圆满才需要弥补或代偿，任何形式的代偿过程同时都是一个分化过程，或都会形成一个新的分歧基点，而分化或歧动又使原先固有的不圆满情状愈益加剧，从而要求新一轮代偿随之发生，万物纷呈的大千世界就这样渐次演化出来。换句话说，一切"分歧现象"均属自然天成，它在宇宙物演的基本动势里叫做"分化"，即任何一种同质的东西，都倾向于朝着异质化的多元歧路上演进。而且，它最终是否具有不可限量的发展前途，还要取决于它能否保持继续分化的势头。如不能，则它就会形成进化树上的一个盲端或一枝分叉。只有那些一路保持分化态势的东西，才能让这棵宇宙物演的进化树越长越高。而所谓"保持分化态势"，就是要保持甚至发扬残缺和失稳的代偿期待状态。譬如，在原子进化中，氦元素是比碳元素较早问世的原子，按先来后到，氦元素的演化路径应该比碳元素更长一些才是，可是由于氦元素的K壳层电子数达到圆满，结果反而使它变成惰性元素，即它从此只能滞留在原子物态的层面上，彻底失去了向分子层位演运的远大前程。碳元素虽然迟到，但其L壳层的电子数缺少一半，以至于弄得它无论如何都无法独立稳存，于是它只好牵拉其他元素的外壳层电子来配成化合键，从而使自己跨入永无宁日的有机分子阶层乃至生物进化境界，由以缔造出亿万种分子物类和生命形态。即是说，自身状态的不圆满和不稳定是进一步分化前衍的先决条件。

说到这里，让人不由得联想起一个热门话题，那就是有关东西方文明如何发生了兴衰分歧的讨论。说起来，倒是西欧以外的文明类型——譬如古埃及文明、古印度文明以及中华文明等——大约还出现得更早一些，据著名史学家汤因比研究估计，人类史前文明的分化形态至少也有600余种以上，它们为什么不免纷纷走上绝路，是一个令人文社会学家——包括汤因比在内——感到十分纳闷的事情。汤因比提出的"环境适度挑战学说"其实尚没有触及问题的根本，因为在某一限定范围的地球纬度上，曾经同时存在着许多种文明，它们面临大致相当的环境苛度，但何以最终仍会演成迥然有别的发展结局呢？这就需要寻求另外的诠释了。首先，应该看到，文明社会作为一类高层位的自然存在，必然是一个高度分化的宇宙终末产物，亦即必然是一个要受到诸多分化条件综合影响的复杂实体，因此它不可能是一个可以进行单因素分析的研究对象，而且，正因为如此，它必然还得沿着此前既定的自然分化律继续运行。故，各文明社会内部的可分化素质才是一个真正关键的问题所在。

什么是"可分化素质"呢？一句话，就是不断地要求有所代偿的自身不圆满状态。西方的古希腊——古罗马——基督教文明，自始至终贯穿着一脉不能使自身圆融稳定的基轴，它表现在三个方面：即政治上自梭伦立法以来所形成的奴隶制民主自由，经济上自伯里克利以来所形成的主体性商业自由，以及文化上自雅典立国以来所形成的交流态思想自由。这种自由所带来的结果是各领域持续不断的动荡、摇摆、递变和分化，尽管中间也发生过某些迟滞，譬如中世纪的宗教霸权等，但终究未能从根本上打破这一历史动进的活性态势，从而终于演成近代以降的所谓资本主义社会形态。如今，乍一看，仿佛西方文明正在消灭其他类型的多元社会分化，其实不然，它之所以让其他所有的旧式文明都倾向于蜕变为自然进化树上的又一茬盲端和杈枝，乃是由于它最有力地推动着社会结构的进一步分化，它一改过去简单粗疏的士、农、工、商等阶级型分工，竟将社会分化的利刃直接用来分割每一个人的具体功能，即社会分工日益呈现出各有所长、人有所专的极端细致化倾向，从而把自然分化的一贯进程带入社会结构日趋致密也日趋动荡的最高阶段。

反过来看，中国的古代文化以老成持重、周到早熟为其特征。它历来只讲秩序，不讲自由；只求稳定，不求活跃；只顾前人旧制，不顾后人心声。它设计得如此完善，其三纲五常足以让每一个大家庭都是一个尊卑有序的小朝廷，结果导致任何一位年轻人尚未成人就已僵化老朽；它运行得如此圆满，居然能在一千四百多年前就实施非世袭的人才科举选拔制度，结果导致任何一个文化人不求新知而唯瞻仕途。它实在是太圆满了，从不留出自由摇摆的一点儿缺口，也实在是太稳定了，就像一枚表里自足的惰性元素。既然如此，与其说它是一种衰落的文明，毋宁说它是一个圆满的句号，它终于把自己收敛为社会历史进化树上的一枝盲端，岂不是最合乎天理人情的一种必然吗？

24. 天演的自由之路

人是生而自由的，但却无往不在枷锁之中。自以为是其他一切的主人的人，反而比其他一切更是奴隶。这种变化是怎样形成的？我不清楚。

卢梭

人民呵，醒来，挣脱自己的枷锁，自由在向你们呼唤！

伏尔泰

唉，一切自由思想家，都没有提防这样的魔术家！他们的自由逃跑了，你指导他们而且诱惑他们回到牢狱里。

尼采

贤哲所追求的不是享乐，而是源于痛苦的自由。

亚里士多德

严复曾经译述过一本《天演论》，其中讲的是人如何与动物一样必须接受"物竞天择"的考验，我在这里也想说一个"天演的道理"，但所要讲的却恰恰是人为什么与动物处在显然不同的"天道位序"上。

人最可珍贵的东西就是自由。但动物决不会有这种主观意志上的自觉和要求，这不是说动物全然不需要自由，而是说它们的社群自由结构必定处于相对满足的状态。据考察，动物社会与人类社会颇有相似之处，而且越高级的物种，其社群关系越接近于我们人类的原始群落状态。以灵长目动物为例：猴子王国是靠强权来统治的，谁膂力壮大、搏击有方，就由谁担任猴王。猴王的独裁和专制照例出于利益关系，作为不太讲究精神格调的猴子来说，它们所关心的主要只有两件事，一是占有雌性资源，二是占有能量资源，前者要靠统霸母猴来实现，后者有赖争抢食物来补给。于是，猴王不仅享有觅食优先的特权，而且整个猴群里的雌性也全都成了猴王的妻妾，其他公猴只能依靠背地里偷情通奸来打饥荒。不过，一旦猴王病弱或衰老，它便会面临一场极其残酷的政变，要么死于非命，要么孤守残年，这倒也合乎情理，毕竟那权威原本就是强力的产物，今日丧于豪夺，一如昨日取自霸道，所以我们东方人应该对它一点儿也不陌生。就这样，猴子社会"争取自由"的范围和方式，大约仅限于上述那种"民主偷情"或"造反有理"之类的举动，好在它们不会说话，要不然可能还得加上"言论自由"这项最起码的条款，否则，恐怕就不免会演出一幕幕"文字狱"的悲剧了。

说起来，可怜的中国人同样连"言论自由"的文明史也未曾见过，他们之会说话，只起到了帮着猴子们续演上述那出悲剧的作用。应该承认，中国人祖祖辈辈早已受尽了不自由的苦难，强者窃国，弱者无言，暴动改朝，特权复生。一句话，他们一直处在近似于猴群的社会位相上。然而，国人争取自由的热望似乎历来就没有西方人强烈。近代以前，在我国的传统文化观念里，"自由"几乎处于完全缺席的地位，所以，人家开来几条破船，就把我们这个偌大的"中央之国"揍得落花流水，实属势所必然；近代以后，中国总算生出了几个打着"自由"的幌子奔走呼号的人物，但他们到底懂不懂自由的价值却大可怀疑，因为一旦借助这类美好的名义登上高位，他们扑灭自由的劲头总是远比维护自由的兴趣要人得多。所以，仅凭这一点，就不能说我们渴望振兴的前途是一片光明。

那么，"自由"究竟是一种什么东西呢？它为什么会与我们的生存形势息息相关呢？

所谓"自由"，说到底不过是指某个系列的自然衍生物所具备的"自主能动性"。严格说来，一切物质都具有"能动性"，问题在于其"自主"程度的差异，这个自主性就是"自由"或"自为"的规定性。基本粒子或原子的运动速度惊人，但这种运动与它们自身的内在构成或内在要求无关；分子的布朗运动是各分子要素或离子之间随机碰撞以达成平衡结构的基本方式，这其间已隐约流露出分子形成过程所要求的特定内在素质及其特定运动形态；最早出现自主能动性的是原始单细胞生物中的一族，也叫原生动物，譬如草履虫，它们的运动方式只比分子运动稍稍前进了一步，即仍然保持着运动形态的随机性，或曰"低自主性"，但却出现了最简单的定向特征，"例如通过一连串的随机动作（伴随着一些躲避或接近运动），最后到达或避开一个刺激来源。这种最简单的行动称为动趋行为（Kinesis）。例如放一个二氧化碳的气泡在水中，水中的草履虫在碰到它或游近它时便躲开，这些草履虫随机地游来游去，游近时就走开，最后都在远离气泡的周围"（引自《普通生物学》）。再往后，便出现了自主定向能力更强的"趋性"运动方式，趋性行为表现为直接趋向或离开刺激来源，原先那种随机摇摆的现象已基本消失，例如灯蛾扑火、蜚蠊躲光等等（趋光性或负趋光性）。发展到较高等的动物，仅仅具备趋性这样的自主能力又不够了，例如，初生的小鼠在尚未睁开眼睛以前，如果把它置于一块倾斜的板上，它就会成一个角度向上爬，这是对地心引力的负趋性（趋地性），但是当它睁开眼睛看见外界时，这一简单的趋性行为就会发生改变，它可能不往上爬，反而往下爬到地面上，这个往下爬的动作标志着自主能动性或"自由"程度的进一步提高。

实际上，生物的自然进化演历始终伴随着自主能动性或"自由"程度的不断升华：从原始动趋反应（分子运动到生物运动的过渡形态）→趋性（原始"感性"初步发生）→反射（神经系统业已形成）→本能（此时"知性"开始确立）→"动机"行为（自主意向渐次萌芽），发展到这一步，"自由"已经从"生物自发能动性"朝着"精神自主能动性"的方向逐步转变了。其间穿插着某种日趋深入的学习进程，这个看似高明的"学习"行为，其实早在极其原始的低等软体动物譬如章鱼那里就已开始展现。它的进化步骤大致如下：惯化学习（学会对反复发生的无关刺激不予反应以节约机体能量）→印随学习（记忆能力渐增并对日后行为产生指导作用）→联系学习（被若干相互关联的刺激诱发形成预备反应程序）→试错学习（通过行为效果的体验反复调整自身行为方式）→洞察学习（依据既往经验达成处理当前陌生事态的能力和方法）→推理思维（借助概念和一般原则来应付愈益复杂的具体境遇和问题），至此，"理性"崭露出头角（它标志着"智能"从实物对象的束缚中摆脱出来而进入逻辑变塑的异想天开之境界），"自由"跃然于天道（它标志着"体能"从遗传性状的束缚中摆脱出来而进入工具变塑的人机联构之境界）。这是一个从低级到高级的自主能力的演进过程，也是一个从潜隐到显化的主体意志的勃发过程，它使生物的自主活动范围越来越开阔拓展，也使生物的行为自由度倾向于直线增大，其系统演化轨迹是一目了然的：从一动不动的静态非生命物质；渐演成原始生物如菌类、海绵和珊瑚的极低动能；再进化到水母、鱼类的大范围水域活动、乃至水陆双跨的两栖爬行动物；其后依次是卵生脊椎动物的恐龙、飞鸟；体智灵动程度愈来愈高的哺乳动物如虎豹犬狼等；再后就是迁徙足迹遍布全球的灵长目古猿和类人猿；至于人类继续沿着这个挺进线路终于被推向上天揽月、下海捉鳖的失控局面，实在属于不可避免的自然造化。

现在的问题是，宇宙物演的"自由度"（即"自主能动属性"）为什么必然趋向于增大？我想，凡是仔细阅读了本书前文的读者，应该已经无需我再来重复那个基础性的"递弱代偿原理"了吧。为了更精确、更明了地阐释上述问题，我在此只作一个简单的总结：既然宇宙物演的唯一途径就是弱化递进或分化依存，既然任何物态或物种的主观属性发展都是为了追逐自存的条件，则当某类存在者业已迷失于过度繁多的依赖条件或条件对象之中时，相应程度的自主能动性就会代偿性地发生，借以改变被动地遭遇条件为主动地追寻条件，从而力求提高或恢复迎合自身存在条件的几率。即是说，"能动性"或"自由意志"是在依赖条件量过度膨胀，以及与迎合所需条件的机遇呈反比减缩的情况下，不得不发展出来的属性代偿。质言之，任一载体的"自由度"必与其存在度成反比，"自由化"趋势是生物衍存及其社会发展的自然规定。

换一个形象的角度来看，也可以这样说：设若有一磐石（分子物质）居然弱化到这般田地，它的体表必须布满神经末梢和种种感受器，以便敏锐地将任何细小的不利刺激转化为"痛苦"的感觉而逃避之；必须赋有精致的生理构造和运动机能，以便不失时机地将任何微薄的生存条件转化为"欣快"的欲望一概捕获到手；甚至必须具备逻辑思维能力和选择判断能力，否则便会在苍茫天地之间找不到自己安身立命的位置；则这块石头也一定得去追问存在和追寻世界，纵然这种追问不免造成愈问愈疑的无穷困惑，甚至，纵然这种追寻不免造成愈追愈失的无限自由也罢——这块软化或弱化了的石头就是"人"！须知那硬化的石头之所以能够寂然沉默和安然守静，盖由于其存在或依存的问题早在未问和未寻之前就已相对解决了的缘故。这就是自然进化的"失稳"或"失位"态势，"失稳"导致"疑惑"并催生"精神"，"失位"造就"自由"并演成"意志"，此乃"自由意志"或"意志自由"的天道渊源。

说起"自由意志"，西方人对它始终表现出极大的关注和兴趣，尽管论调各异，甚至离题万里，但由此拓展了科学思想的博大氛围和社会契约的人文精神却是一个不容置疑的历史现实。中世纪前期，奥古斯丁曾经宣扬上帝的意志决定一切，然而他又无法否认人的意志自由，于是他索性把自由意志指斥为人类罪恶的渊薮。正是从这个"罪恶之源"出发，中世纪后期，布里丹才好为之翻案，他将理性贯彻在追求科学的意志之中，强调意志在选择两种看似等价且相互对立的幸福时，其自由的特质最终显示出具有主导作用的人文意义。后来，有人嘲笑布里丹过分忽视客观制约要素可能对"意志选择"的影响，于是设问：如果一头驴子面对两垛完全均等的草料，它是否会因无从选择而饿死自己呢？这就是所谓"布里丹的驴子"（Buridan's ass）的自由选择悖论。且不说这头蠢驴该怎么办，人总归是要争取自由的，它的道理早在裴多菲的那首著名诗歌中尽显无余，只是还需要我们给以更深入的全新注解，因为，作者本人也许尚未意识到,他那层层递进的诗意简直就是"生物社会化演历"和"生物自由化进程"的生动写照：

生命诚可贵，（发生于38亿年前的太古宙时期，"贵"就贵在它是从死物中活化的"承前启后之衍存者"，此刻的生命，其自由能动度极低，社会结构度也极低；）

爱情价更高，（发生于5亿7000万年前的古生代寒武纪前后，"性分裂"是自然分化的继续和社会结构化的开端，

此刻的生物自由度虽然有所扩展，但自由的结果
却是必须将自身强迫性地嵌合到性别残化的生机
重组结构中去，此乃"生物社会"从低级亚结构
状态进入中级结构化状态的开端；）

若为自由故，（"生物自由"天演而成，"社会自由"是新生代文
明化以后才面临的自为性代偿问题，也就是说，
当自然分化进程跨越了体质性状残化阶段而步入
更全面的智质性状残化阶段之时，性别组合式的
亲缘社会形态即动物社会和人类原始氏族社会已
退居次要地位，拼着老命去争自由，其实不过是
在为生物中级社会跨入人类晚级社会这个更高层
次的自然结构化要求献身而已；）

二者皆可抛。（之所以会如此奋勇无前以至奋不顾身，乃是由于
此刻的"无自由则无以存续"，一如此前的"无性
爱则无可繁衍"，即是说，高层位的分化物如高度
智慧化的人类，必须达成相应的高层位结构态如
高度自由化的社会结构，才能够实现自身及其同
类全体的继续衍存。）

　　在这个以"自由"作为基本生存方式的自然进化阶段上，
任何有损于载体能动性发挥的机制，必然同时就是造成该载体
自身崩溃的同一机制。犹如一头堕入陷阱的猛虎，无论它有多
么强悍的生理机能，只要它无法获得自由则必死无疑，因为它
的任一生理机能都必须在自主能动性的基础上才有望得以施展。
20世纪80年代中期，作为世界超级大国之一的苏联，仅仅由于
害怕个人电脑和外设打印机之类的东西可能危及它对国民精神
的控制，就对其严加限制，当时西方有人预言，苏联的末日临
近了！果不其然，短短数年之后，这个远比猛虎更要威风的庞
然大物轰然解体，以至于令它的敌国都感到有些猝不及防，此

一结局显然不是敌人或西方阵营策略上的胜利，而是上苍或自然规律赠予蔑视自由者的天赐报应。说来可笑，正是这个倒行逆施的苏联帝国还自认为它是唯一代表人类社会未来动向的新生事物呢。这也真应了孙中山先生曾经说过的一句谶言：世界潮流，浩浩荡荡，顺之者昌，逆之者亡！

说到底，一个国家的国力就是其国民生物能的总和。如果每一位国民都备受压制，难以伸展，即让自己潜在的生物能力得不到释放和发挥，国力焉能强盛？这是一道最简明的加法算术题，何需其他论证？所以，当今天下，对内最自由的国度，一定是最有实力也最有资格对外称霸的超级大国，尽管它四面树敌，令人生厌，尽管它的人口未必最多，它积蓄力量的国史也未必很长，甚至，由于自由散漫，它的国民最难约束，它的军队最怕死，可它照样横行无忌。这种情形，全赖于群体化的代偿充分状态。

"自由"诚然是一种载体弱化的代偿产物，但"不自由"直接就是失却代偿的灭归取向。换言之，人类是靠精神代偿维系生存的至弱物种，而"意志自由"是一切精神创造活动的基础属性和代偿前提。限制自由就等于泯灭精神，泯灭精神无异于摧残人性。古罗马有一位皇帝叫马尔库斯·奥勒留，在位时饱经变乱和忧患，此公稍具哲思头脑，属斯多葛派的最后传人，加之身居高位，适足俯瞰人寰，却终于只留下这样一句注解"人性"的名言："人就是一点灵魂载负着一具尸体。"倘若泯灭了这一点灵魂，或者，倘若剪断了灵魂赖以腾飞的自由之翼，"人"作为宇宙物演最后也是最高贵的存在形态，岂非只剩下一具行尸走肉般的臭皮囊了吗？

25.普罗米修斯的天谴词

一个人赚得了整个世界，却丧失了自我，又有何益？

耶稣

宙斯啊，引导我；命运啊，请你引导我前进……我毫无畏惧地追随你，哪怕猜疑使我落后或不情愿，我也一定永远追随你。

克雷安德

这个世界对于一切存在物都是同一的，它不是任何神或任何人所创造的；它过去、现在和未来永远是一团永恒的活火，在一定的分寸上燃烧，在一定的分寸上熄灭。

赫拉克利特

那不能不做一个善和恶的创造者的人——真的，他最先不能不做一个破坏者，将一切评价破坏得粉碎。

尼采

据希腊神话里讲，普罗米修斯为人间盗取天火，惹恼了宙斯，故而遭到残酷的惩罚，他被钉在高加索的悬崖上，任由鹰隼啄食其肝。这个刑罚不可谓不严厉。然而，有一个问题显然一直被忽视了，那就是，宙斯为什么会如此震怒呢？这个"冤案"大约着实比较难办，因为当时宙斯只是不由分说地施罚于他，却未曾留下一通判决书或天谴词，于是，人们便不假思索地认定，宙斯是由于普罗米修斯私下造福于人类而不悦。不过，依我看来，此说大有疑窦，作为至高无上的神明，宙斯应该同样是古希腊人乃至全体人类的主子（至少在古希腊人眼里是如此），即便他视人类如草芥，想来也还不太可能好端端地就生出敌忾，憎若仇寇，以至于见不得谁给人间带来一点儿福祉吧。若然，则恐怕反倒是普罗米修斯惹下了什么要紧的祸端也说不定，只不过人类眼拙，祸福不辨罢了，但宙斯明察秋毫，高瞻远瞩，知道事态的严重性，所以才天威勃发。

说起人类用火，那可实在算得上是凡界文明的开端。史学家常常将问题搞错，总是误把制造和使用工具当作人智开化的纪元，殊不知造用工具的创举早在人类尚未问世之前就已风靡天下。且不提猿猴可以多么灵巧地掌握琢石料砸坚果、搭梯子攀高枝、舞棍棒却顽敌之类的把戏，只要看看一种叫做渡鸦的鸟能够如何精细地裁剪树枝，用作单筷，取食之余，携带不弃，你就再也不敢为开创了旧石器时代的人文先祖作井蛙之唱了。但是，迄今也无人发现还有哪一种动物具备了玩火的胆识和能耐，故此，可以确认，自从普罗米修斯将火种偷传人间那一天开始，人类便踏上了远离动物的险途，或者说，上帝（不知它是不是宙斯的别名）便怒气冲冲地一脚把我等踢出了伊甸乐园。

"火"原本不过是地球上一种最常见的能源，是分子物质剧烈氧化的释能现象之一，所以堪称"地火"。人类现在已经不满足于这样的玩火方式，而是孜孜以求地玩起"天火"了。所谓"天火"，是指燃放在恒星星序中的原子聚变或重核裂变所释出的能量。可见当年普罗米修斯并没有盗窃天火馈赠于人，他只是顺路在尘世上随手捡了一种便宜货，然后不经意地扔给了我们而已。但即纵如此，宙斯也不能宽恕他。因为，据社会学家说，衡量人类文明或社会进步的最佳指标，莫过于看其能量消耗的递增程度，这话一点不假。从原始人的木材篝火、到工业人的煤炭石油、再到现代人的核能利用，社会发展与能耗暴涨完全呈现出齐步并肩的共进姿态。亦即"地火"一旦启用，"天火"势必遭劫，犹如密库之门一经打开，其中的财宝焉能不丢失尽净？

但宙斯倒不是怕丢了财宝，他是担心如此下去会丧失整个世界。我猜想，宙斯的顾虑不外乎是出于这样一条宇宙的规律，让我们把上述社会学家的那句话稍加改动即可一语道破：衡量一切物质结构演化失稳的最佳指标，莫过于看其能量分布的递变程度。

注解如下：宇宙物演的结构动迁是层层叠加的，在此过程中，各结构内涵的能量分布倾向于由正到负逐步递变，内能愈高的结构状态愈稳定，内耗愈高的结构状态愈动荡，由以导致后衍繁密结构最终逼近彻底崩溃的临界点。从表面上看，它好像是一个从无序到有序的悦目进程，而实际上，它完全是一个走向失序的不可逆动势，就这一点来说，它与热力学第二定律即熵增定律十分吻合。以下来看实例：在宇宙大爆炸之初，最早出现的物质结构是由夸克、轻子等组成的基本粒子结构，这种亚核质态的结构是内能最大的结构形式，在物理实验中，变革基本粒子所需的能量最高，故谓之"高能物理"，譬如，要通过碰撞产生前所未见的新粒子，一般必须十亿以上电子伏特的能量方能实现，人们迄今找不见自由夸克，即解决不了"夸克禁闭"的问题，可能与组成强子的夸克本身还是一种内能更高的始基结构有关；原子核是内能降位的结构质态，变革原子核所需的能量在原子层次里居中，譬如，要把天然稳定的原子核分裂开，大约需要几百万电子伏特的能量，如果要从原子核中把介子分离出来，则需要几亿电子伏特的能量，故谓之"中能物理"；原子的核上结构是低能质态的能量分布形式，即变革原子外层的电子运动状态所需的能量最低，譬如，要把重原子中的内层电子分离出来，大约需要几千电子伏特的能量就够了，倘若只想把一般原子中外层的电子分离出来，仅仅给予几个或几十个电子伏特的能量就足以达到目的，故谓之"低能物理"。

低能物理其实已是分子物理学领域的研究课题了，因为分子无非就是各个原子之间共享外层电子的低能配合形式，由此跨入化学层次的自然结构。分子由数量不等的若干原子组成，分子结构的能量分布极低，许多分子你只要把它投入水中，它就会自动电离，变成离子或化学根，譬如，氯化钠（盐）或氢氧化钠（碱）在水溶液中会自行解离为钠离子、氯离子和氢氧根等，可见，分子结构已经远不如粒子结构或原子结构稳定了。这是由于分布在化合键上的分子内能近乎于既不释能也不耗能的平衡状态，或者更准确地说，分子结构的能量与自身的质量转换无关，它从化合键上所释放的能量，完全来自于形成该键时所消耗的能量。在宇宙进化的物演流程上，分子结构的发生当然迟于原子结构，正如原子结构的发生一定迟于粒子结构一样，因为分子结构是叠加在原子结构之上的新一层结构，俨如原子结构是叠加在粒子结构之上的新一层结构一样。这里显示，随着能量分布的渐次降低，自然结构化状态倾向于越来越离散。

此后便是愈发不堪的生物结构了。最原始的生物活化结构是单细胞结构。这句话里有两个细节需要特别澄清：其一是所谓的"最原始"，严格说来，单细胞之前必然先有了亚细胞生物大分子结构，譬如DNA、RNA、类病毒以及病毒等等，但由于它们不能独立地重新设置别具一格的能量分布形态，即不能从内能递减的分子化合键上循序创建耗能结构的启动机制，所以必须等到单细胞生物出现以后，即在细胞浆中形成了一套相对完备的物能代谢路径以后，它们才随之显露出某种生机。其二是所谓的"活化",精确说来,活化就是耗能结构的动荡化,"耗能"是指必须仰赖源源不断的外界能量供给,方能维系自身结构衍存的那样一种窘迫情状,因此,耗能结构必然要面临"迎取能源"和"利用能源"这样两项艰巨任务,利用能源就得调动自身结构的内向运转,由此导致结构内部成分的动摇不止;迎取能源就得调动自身结构的外向运转,由此导致自由能动属性的日益张扬;"活化"就是这样两种结构动荡形态的总称。于是,"活"(生活、活跃)表达着结构体制演化的严重失稳和危机,"死"(死亡、灭归)随之成为结构系统崩溃的具体表现和必然,到了这一步,生物不得不寻求某种延续危存的代偿办法,"遗传"和"变异"属性因此应运而生,前者使短暂也能够永恒,后者使动摇也能够坚持,生物系统的另外两层结构——即多细胞有机体结构和社会结构——就在这样脆弱的基础上相继建立起来。

作为叠加在单细胞生物之上的多细胞有机体结构,其能量需求的递增态势一目了然,为了便于有效地摄取能源,这个结构体系必须分化出复杂的组织器官,譬如运动系统(寻找能源)、消化系统(利用能源)、神经系统(内部协调)和生殖系统(维持存续)等等,结果却引发同类个体在性状机能上也逐渐出现了分化和残化的问题。由于这个缘故,下一层结构不得不相应派生,并毫不客气地凌驾于机体结构之上,借以对性状残化的生命个员进行生机重组,社会之魔的潘多拉盒子由此被打开了。站在这个自然结构系统的制高点上回望,你会发现,宇宙结构化的代偿进程随着能量分布的递降而日趋繁复,随着能量消耗的扩张而日趋动摇,前者使结构状态倾向于复杂和致密,后者使结构状态倾向于疏离和松动,二者相辅相成,一路并进,最后将人类也收纳其中,使之处在既向往自由、又追求规范的两难困境之中。看来,上苍决不肯让任何存在者游离到它所布下的层层罗网之外,就像孙行者终究翻越不出如来佛的掌心一样,到头来，包括我们这些骄纵无比的宇宙精灵，也只好照例去品尝一番身陷天枷的滋味了。

由此可见，"社会"（即"社会结构"）说到底不过是自然结构化进程的终极叠加形态或临末代偿产物，而且，人类社会一定是从生物社会中增长出来的，这是一个平滑递进的连续过程，其间丝毫没有什么人类意志所能造成的转折，反倒是人类的意志必然表达着自然意志的规定，或者说，风行于人间的种种美好愿望、时尚思潮以及改造社会的远大抱负等等，无论它如何花样翻新，终究不过是在为宇宙物演的既定目标披荆斩棘、开拓道路而已。再者，依据上述，我们也应该有所醒悟，认清"人"不过是自然界里最后一块结构实体的填充物，尽管人们很难想象这会是一种怎样的情形，为此我只好不揣冒昧地作出如下两点比喻，万一它令你不太舒服，请原谅我的唐突：我们体内的每一枚细胞，过去何尝不是一个个活灵活现的独立生命，可是今天，你不是硬要把它们视为自己身体里微不足道的组成部分吗？另外，在分子"看"来，原子纯属它所固有的填充物料，可在原子"看"来，分子只不过是它表现自身固有属性的自建舞台和运动场所而已——人类不就是抱着这样一种褊狭的眼光看待自己的社会存在的吗？

当然，这里面也有某些区别，人类毕竟不是无知的原子或无能的单细胞。此言一出，读者马上就会想到许多人类独具的优点和与此相关的褒语，可我这个人非常扫兴，偏要说一些人类为什么还不如其他结构填充物的倒霉话，不过忠言逆耳，且请姑妄听之：首先，最原始阶段的结构组分，你休想把它从自身所在的结构中挑拨出来，譬如被禁闭在强子中的夸克，这表明原始结构极其稳定，谁也损害不了它。其次，半原始阶段的结构组分，虽然它所跻身的结构体系已经不太稳定，但好在它对结构本身的依赖性也很低，万一结构散架，它尽可以毫发无伤地游离出来，乐得逍遥自在一番，譬如分子里的原子变成离子或自由单质。再后来，情形就有些不妙了，而且这种不妙还是两面夹击、腹背受敌的局势，即：一方面，愈后衍的结构愈为庞然繁复和失稳动荡，它摇摇欲坠、崩溃在即，让你不敢过于依赖它；另一方面，此刻的结构组分同时也愈发残弱，难以独存，你还非得依赖那个靠不住的结构不可，尽管从表面上看，愈后衍的结构组分，其属性愈丰、能耐愈强，似乎它们最没有道理把自身寄生在一个约束框架内而不能自拔。限于篇幅，我们省掉生物机体演化以及动物社会进程的阶段和例子不谈，只看此后继承上来的人类文明社会，其发展势头着实令人不寒而栗：远古时代的农夫，尚可独居僻壤，耕猎自得，天高皇帝远，即那时的社会结构还比较简单稳定，以血亲家庭（动物社会原型）为单元的自然经济暂且能够自力更生；及至工业社会，鲁宾逊漂流到一个孤岛上就有些难活，我看若干年下来他居然没有饿死、病死或疯死，不是由于鲁宾逊干练卓绝，可以超然于社会而挺拔，倒是作者笛福在稿纸笔墨之间勉强支撑的结果；时至今日，信息网络铺天盖地，社会构成日趋繁密，看起来，人的自由度也倾向于越来越大，可是哪个人还能够像个游离原子似的天马行空、须臾脱失在社会之外呢？换言之，倘若社会动荡加剧乃至崩溃，文明化程度越高的人类，越有可能成为它的陪葬品。然而，人类社会文明结构偏偏呈现出变革频率递增的动荡特点，例如，原始氏族社会形态（脱胎于动物亲缘社会）稳定存续了上百万年；农业文明持续10000年左右；工业文明从1769年瓦特创造第一部单动式蒸汽机至今不过230余年，信息文明的所谓第三次浪潮就已席卷而来；如此狂热的加速度形势，想来第四次浪潮大概不出几十年后就会将我们再度淹没。而且，很容易看出，越原始的社会形态越平静，内部积聚的生存危机因素越少，相应地，总体能量消耗也明显偏低；反之，越晚近的社会形态越激荡，内部积聚的生存危机因素越多，相应地，总体能量消耗也明显偏高。一言以蔽之，经由粒子结构→原子结构→分子结构→单细胞结构→有机体结构→社会结构，分布在这条自然结构化演历上的能耗越来越高，结构稳定度却越来越低，其间呈现的反比相关态势俨如一个线性函数方程一样的精确无误。

烦人的注解至此告竣。其实这还只是一个最简括的诠释，演化嬗变的细节和原理一概略而未谈。因为我的目的仅仅是为了说明宙斯迁怒于普罗米修斯的本因，所以，在这里，我不妨代为宙斯补颁一个有关普罗米修斯的判决书或天谴词，以免世人总是误以为天公无道。好了，闲话休提，现示定谳如下："罪神普罗米修斯，狂悖无知，蔑视天庭，罔顾天下苍生柔弱，惟图私自一时之快，竟将火种流传人间，致使后患再难杜绝。赐火于人，一如献鸩止渴，从此必令人智佻巧，人性轻狂；凡心激荡，躁气浮嚣；物欲泛滥，尘寰扰攘；战端遍地，血腥冲天；能耗加剧，生计日艰；文明如泻，社会动摇。终而至于天地污染，雨酸水臭；军备升级，核武高悬；怪魔克隆，毒菌弥漫；生灵涂炭，万物灭绝。呜呼！宇宙最美好的造化——生态系统；哀哉！众神最喜爱的玩偶——人类世系；就此均被付之一炬。念之令吾痛断肝肠。如此恶果，无异于捣毁世界之精华！如此罪孽，凌迟不足以惩戒其万一！故此特命施以天庭最酷烈之刑罚，镣铐山崖，剖腹暴肝，百鹰竞啄，食而复生，如是永无休止，以儆效尤。钦此。"

26.社会标本：膜翅目王国的故事

治大国，若烹小鲜，
以道莅天下，其鬼不神。

老子

一个人的社交性格与他的理智才能
几乎成反比。

叔本华

国家的目标就在于制造出一个傻瓜
的伊甸园，它与生命的真实目标处于直
接的冲突之中。

叔本华

无论对你发生了什么事，那都是终
古就为你准备好了的，其中的因果蕴涵
关系终古都在织就着你的生命之线。

马尔库斯·奥勒留

人类有多么聪慧，只用看一件事情就足够了：社会系统分
明是自然演化或生物进化为我们制备出来的一架人身绞肉机，
但虚骄的人类硬要把它说成是我们独自建构的天外巨厦。于是，
大家不无自豪地聚在其中，并认定自己就是这座大厦的主人，
然后心安理得地你争我抢，打闹厮杀，结果一个个弄得像乌眼
鸡似的，最后谈起来还觉得"其乐无穷"哩！

不过，生物学家早已发现，"社会"这种东西远在人类尚未问世之前，就已在自然界中大行其道了。而且，它的运行方式，常与人类社会的某个发展阶段具有异曲同工之妙。我在这里只想谈谈膜翅目昆虫那有趣的群化行为现象，尽管它们可能不是整个生物社会演化发展的主流，但却不失为生物性状残化耦合结构的一个天然社会标本。

膜翅目昆虫的突出特点，就在于它们的体质性状一开始就生成了"异质残化"的表型。譬如蜜蜂或蚂蚁，蜂王或蚁王是群体内唯一具有繁殖能力的雌体，它简直就像一架产卵机器，除了能够繁衍后代而外则一无所能，其自身生存和养育幼婴等等事务，一概由职业化的工蜂或工蚁来完成。工蜂或工蚁虽然同样身为雌性，但性器官却呈现出后天发育不良的畸态，一个个太监似的只能整天忙于无休无止的日常杂务，而且它们天生就备齐了一套专司经济的工具体系，例如蜜蜂用来采集花粉的口器、或后腿外侧凹陷形成的运载装置"花粉篮"等等。而雄蜂或雄蚁干脆就是一伙花花公子，随时准备为王室配种，差使一旦完成，便得毅然殉国，这倒比人间的好色之徒稍显壮烈一些。此外还有更出奇的角色，例如"在许多蚂蚁物种中，有所谓的兵蚁这一特殊等级，它们具有特别坚硬发达的上下颚，是进行搏斗的利器，它们专为自己群体的利益而进攻其他蚁群。"再如，"有一种工蚁不做其他工作，整天吊在巢顶上，一动也不动，它们的腹部隆起，大得惊人，像个电灯泡，里边塞满食物，它们的胃就是别人的粮仓，其他工蚁则把它们当作食品库。"（引自道金斯《自私的基因》）总之，膜翅目群体中的任一成员，由于自身体质性状的畸形或残化，都无法在个体独立的意义上实现生存，它们的社会织体，其实仅仅是为了达成性状残化的生机重组罢了。我讲上面这些事由，只是为了引出这样一个简单的道理：所谓"社会"，本质上无非是自然分化或残化历程上的临末结构代偿形态，犹如原子残化就必然达成分子结构、单细胞残化就必然组成有机体结构一样，不同点仅仅在于，如果在有机体层面上继续呈现残化动势，由此形成的宇宙物演结构就被我们糊里糊涂地命名为"社会"了。可见，人类社会是从动物社会中增长出来的自然产物，严格说来，"社会学"的根本问题不在于浅议人的行为怎样铸成了社会，而在于深研自然的规定怎样铸成了人的社会行为。

好了，我们不谈学术，只讲故事（具体情节尽量由科学家代言，这样既生动又可信）。下面我们来看膜翅目昆虫到底能表演出多么精彩的集体节目。一般认为，农业和畜牧业是人类智化或人类文明的产物，不知该怎样测度昆虫的智商，但似乎不需要太大的脑容量或创造力，这些玩意儿照样能够被相当完整地缔造出来："在南美洲有好几个蚂蚁物种以及与这些物种完全无关的非洲白蚁都能够培植'菌类种植园'；其中，最有名的是南美洲的'阳伞蚁'。这种蚂蚁的繁殖能力特别强，有人发现，有的蚂蚁群体其个体竟超过200万个之多。它们筑穴于地下，复杂的甬道和长廊四通八达，深达10英尺以上，挖出的泥土多达40多吨。地下室内设有菌类种植园地，这种蚂蚁有意识地播种一种特殊品种的菌类。它们把树叶嚼碎，作为特殊的混合肥料进行施肥，这样，它们的工蚁就不必直接搜寻食物，只要搜集制肥用的树叶就行了（我插一句，这和人类务农的目的完全一样）。这种群体的阳伞蚁吃树叶的胃口大得惊人，这使它们成为一种主要经济作物的害虫，但是树叶并不是它们的食粮，而是它们的菌类的食粮。菌类成熟后它们收获食用，并用以饲养幼虫。……这些蚂蚁也为种植园'除草'，不让其他品种的菌类混迹其间。"由于没有其他杂菌与之竞争，蚂蚁自己培植的作物于是得以茂盛生长——你看看，它们与人间的农夫何其相似乃尔！

　　再看畜牧业："蚂蚁还有自己的家畜……。蚜虫善于吮吸植物中的汁液,它们非常灵巧地把叶脉上的汁液吮吸干净,但是消化吸收这种汁液的效率,却远没有吮吸时的效率高,因此它们会排泄出仍含有部分营养价值的液体。一滴一滴含量丰富的'蜜汁'从蚜虫的后部分泌出来,速度非常之快,有时每一个蚜虫在一小时内能分泌出超过其自身体重的蜜汁。在一般情况下,蜜汁像雨点一样洒落在地面上,简直和《旧约全书》里提到的天赐'灵粮'一样,这时,有好几个物种的蚂蚁会等在那里,准备截获蚜虫排出的食粮,有些蚂蚁还会用触角或腿抚摩蚜虫的臀部来'挤奶'。蚜虫也作出积极的反应,有时故意不排出汁液,等到蚂蚁抚摩时才让汁液滴下,如果那只蚂蚁还没有准备好接受它,蚜虫有时甚至会把一滴汁液缩回体内。有人认为,一些蚜虫为了更好地吸引蚂蚁,其臀部经过演化已取得与蚂蚁脸部相像的外形,抚摩起来的感觉也和抚摩蚂蚁的脸部一样。……像我们牧场里的乳牛一样,它们过着一种受到庇护的生活,由于蚜虫经常受到蚁群的照料,它已丧失其正常的自卫手段。有的蚂蚁把蚜虫的卵子带回地下蚁穴,妥为照顾,并饲养蚜虫的幼虫,等幼虫长大后,又轻轻地把它们送到地上受到蚁群保护的放牧场地。"(以上引文摘自《自私的基因》)这种畜牧水平,这种高产"奶"量,尤其是主人与家畜之间相互协调和默契的程度,大概连骄傲的人间放牧者也难免会感到有些望尘莫及了吧。

　　好戏还没完。据说人类的原始社会,其农牧业文明或劳动生产力必须发展到一定高度之后,即所谓可供剥削的"剩余劳动"或"剩余价值"出现之后,更为进步的奴隶制社会形态才会应运而生。搞不清蚂蚁社会的"生产力"该如何衡量,也拿不准蚂蚁个体的"剩余劳动"该如何计算,反正蚂蚁们比人类提前了上千万年,就已建立起十分完备的"蓄奴社会"。达尔文曾经很仔细地观察研究过蚂蚁奴隶社会,难怪他不屑于理会马克思好心寄来的《资本论》巨著，因为达尔文的观察实在要比马克思的臆想重要得多，这倒不是就二者的学术理论作比较，而是前期的自然进程必然对后期的自然现象具有某种决定性，反之则不行，好比孙子辈的基因影响不了爷爷的行为，但爷爷的怪诞基因难免不把儿孙辈弄得疯疯癫癫一样。以下是达尔文的手笔："有一次，我幸运地看到了血蚁从一个窠搬到另一个窠里去，主人们谨慎地把奴蚁带在颚间，并不像红褐蚁的情形，主人须由奴隶带走，这真是极有趣的奇观。另一天，大约有二十个养奴隶的蚁在同一地点猎取东西，而显然不是找寻食物，这引起了我的注意；有时候有三个奴蚁揪住养奴隶的血蚁的腿不放，养奴隶的蚁残忍地弄死了这些小抵抗者，并且把它们的尸体拖到二十九码远的窠中去当食物；但它们不能得到一个蛹来培养为奴隶。于是我从另一个窠里掘出一小团黑蚁的蛹，放在临近战斗的一处空地上，于是这班暴君热切地把它们捉住并且拖走，它们大概以为毕竟是在最后的战役中获胜了。……一天傍晚，我看见另一群血蚁，发现许多这种蚁拖着黑蚁的尸体（可以看出不是迁徙）和无数的蛹回去，走进它们的窠内。我跟着一长行背着战利品的蚁追踪前去，大约有四十码之远，到了一处密集的石南科灌木丛，在那里我看到最后一个拖着一个蛹的血蚁出现；但我没有能够在密丛中找到被蹂躏的窠在哪里。然而那窠一定就在附近，因为有两三只黑蚁极度张皇地冲出来，有一只嘴里还衔着一个自己的蛹一动不动地停留在石南的小枝顶上，并且对于被毁的家表现出绝望的神情。"读到这里，你大约已经分不清是蚂蚁在悲痛还是达尔文在忧伤。

这些从蛹里被孵化出来的奴蚁如何工作呢？实际的分工和役使比达尔文所描述的要复杂细致得多，我在这里只引用达尔文的简叙，限于篇幅，其他省略不谈："这种蚂蚁（指于贝尔观察到的红褐蚁）绝对依靠奴隶而生活；如果没有奴隶的帮助，这个物种在一年之内就一定要绝灭。雄蚁和能育的雌蚁不从事任何工作，工蚁即不育的雌蚁虽然在捕捉奴隶上极为奋发勇敢，但并不做其他任何工作。它们不能营造自己的巢，也不能哺喂自己的幼虫。在老巢已不实用，势必迁徙的时候，是由奴蚁来决定迁徙的事情，并且实际上它们把主人们衔在颚间搬走。主人们是这样的不中用，当于贝尔捉了三十个把它们关起来，而没有一个奴蚁时，虽然那里放入它们最喜爱的丰富食物，而且为了刺激它们进行工作又放入它们自己的幼虫和蛹，它们还是一点也不工作；它们自己甚至不会吃东西，因而许多蚂蚁就此饿死了。于贝尔随后放进一个奴蚁——黑蚁（F.fusca），它即刻开始工作，哺喂和拯救那些生存者；并且营造了几间虫房，来照料幼虫，一切都整顿得井井有条。有什么比这等十分肯定的事实更为奇异的呢？"看来，达尔文也不能解释这类生物社会现象，所以他终于不无愤慨地谴责了"像红褐蚁那样卑鄙地依靠奴隶来生活的蚁类"。（引自《物种起源》）

临末，让我们借用刘易斯·托马斯的一段趣文，作为膜翅目昆虫所表演的社会悲喜剧的谢幕词："蚂蚁的确太像人了，这真够让人为难。它们培植真菌，喂养蚜虫作家畜，把军队投入战争，动用化学喷剂来惊扰和迷惑敌人，捕捉奴隶。织巢蚁属使用童工，抱着幼体像梭子一样往返窜动，纺出线来把树叶缝合在一起，供它们的真菌园使用。它们不停地交换信息。它们什么都干，就差看电视了。"如此场景，你还能说"社会生产"和"社会活动"仅仅是人类的专利吗？顺便提一下，刘易斯似乎已隐约觉察，生物的社会化进程与细胞的机体化进程之间存在着某种雷同的或重演的机制，所以他不由得感慨道："蚂蚁、还有蜜蜂、白蚁和群居性黄蜂，它们似乎都过着两种生活。它们既是一些个体，做着今天的事而看不出是不是还想着明天，同时又是蚁冢、蚁穴、蜂窠这些扭动着、思考着的庞大动物体中细胞样的成分。"

（引自《细胞生命的礼赞》）这个重演的机制暗示着一个自然动势的贯彻效应。

为了防止误会，我在这里得特意声明：单凭生物学研究尚不足以揭示社会演化的深刻动因，"社会达尔文主义"肯定不是正确的社会学理论，甚至西方近年新兴起来的"社会生物学"也未必中肯，再说达尔文本人从来没有用他的生物学观点图解社会，那是其他人的造作，与达尔文无关。然而，仅仅站在人类自身的狭隘立场上看待社会，注定不会导出什么真知灼见来，因为如此短浅的眼界只与一个部落人详知其村野的沟沟坎坎，就以为大地是托在龟背上的情形没有多少区别。要知道，这个问题或对象必须放在一个更大的尺度上才有望看清，而单纯的人文学视野，若被放在这个大尺度上衡量，恐怕连"鼠目寸光"的形容都变成褒义了。所以有人挖苦说，当今所谓的种种"社会科学"其实毫无科学的内容可言，只有那种想使其成为科学的意图例外。质言之，既然人类本身就是生物进化的自然产物，那么，人类社会则同样不可能纯粹是人类行为缔造的结果，无论这类行为是文化性的还是经济性的。毫无疑问，社会存在——指从生物社会向人类社会演化递进的全过程——一定贯穿在某个自然法则的链条上。

这个链条是如此的奇妙，它所造化的膜翅目社会就像一个活标本，既令人叹为观止，又令人迷惑不解，它使得一切局限于"人类理性特质"或"人类行为关系"的社会学说都不攻自破，也警示人们万勿轻言自己编排的"社会理想"或"社会真谛"——既然社会发展自有它给定的运动定律和运动方向，你又怎能预见，你的"理想"或他人的"真谛"一定不会把你引向始料未及的去处呢？

27.缘的解说: 偶然与选择

> 无论如何，我们把自己托付给自己。
> 自己的运气要靠自己创造或发现。

> **哥尔德斯密斯**

> 若想让儿子得好运，
> 就把他扔进大海里。

> **西班牙谚语**

> 我们必须怜悯那些不知道苦难的
> 人，假如真有那种可怜虫的话。

> **罗曼·罗兰**

> 每种畜生都是被鞭子赶到牧场上
> 去的。

> **赫拉克利特**

中国人比较爱讲"缘分"，这大概与天命观念和佛教文化的流行有关，譬如孔子说"五十而知天命"，意思当然是指人的命运是预先注定的，他年过半百才能理解其中的奥妙，于是，"缘分"或"机缘"看似巧遇，实乃定数，它不能改变什么，只能戏弄人生。不过西方人更相信"偶然"，尽管在他们那里诞生的科学恰恰是专门研究"必然"的，可见，西方人通常把"科学"与"人文"截然分开，在"人生"的意义上他们最反对决定论或宿命论，所以萨特说"存在先于本质"，意思是，你的本质是什么，取决于你怎样活着或怎样进行人生规划，你没有任何天定的内涵，也没有任何预先确定的性质，作为一个虚无的空壳，你必须通过自我开放、自由选择以及自为创造来填充自己。很明显，前者是"天人合一"的，多少有些消极和被动；后者是"人定胜天"的，多少有些嚣张和狂妄。那么，谁的看法正确呢？

对于这个问题，任何直截了当的答案恐怕都是不中用的。有人喜欢搬出必然与偶然的辩证关系来附会这类问题，结果只让人感到一头雾水，无所适从。为此，我们换一个聊天的方式。

人一出生，就沦落到一片纷乱复杂的世界里，面对种种前所未见的怪现象，大抵没有任何现成的办法供你应付，这不免让人慌乱和恐惧。相比之下，若是电子问世，情形就简单多了，那时宇宙爆发不久，物质尚没有分化开来，在电子的负电荷（相当于人的感知系统）看来，世间只有一种异己的东西，那就是一个个均一无差别的正电荷（质子之类的对应电磁属性），它只消迎接上去，或不由自主地被吸引过去，就一举完成了自身的定位存在（原子稳态结构由以形成）。所以，人不得不追问世界，目的无非是想在乱七八糟的困境里问出个活法来。也所以，中国的父母或圣人就会为子女准备一大套生存的方法和准则，免得你手忙脚乱，无以应对。不过，相对于这个过分庞杂的世界而言，前辈的经验实在有限，加之世事变迁，后辈所面临的总是另外一番格局，因此，到头来，各种训诫和教导不免刚好变成文不对题的人生陷阱。西方的哲人似乎早就明白了这个道理，所以他们讲自由、讲冒险、讲不可知论，讲人定胜天，让你糊里糊涂地相信自己，勇往直前，因为这时的糊涂的确要比明白有效，它至少不至于因为自以为是而误人子弟。从这一点来看，萨特的观点显然是正确的，或者说，是合适的。

　　然而，由此会引发一个疑问：为什么糊里糊涂地冒碰，反而可能具有较高的成功概率呢？这又得从"天人合一"的角度讲起。人原本是天地的造物，他因此先天就禀赋着应合自然的潜能，否则他或他的前身——即进化过来的生物先祖——早就被自然选择淘汰了。换言之，每个人的性格倾向、行为方式乃至思维格律其实都是先天给定的，后天的学习过程和机变行为，说到底不过是基因潜能的调动和焕发而已。所以，即便大家接受的是同一种教育，各人的个性和气质也会迥然有别；也所以，每个人总不免在同一类问题上犯错误，就像《伊索寓言》里那位猫变的美女，一见老鼠便由不得会猛扑过去一样。既然如此，一个人本着自己的兴趣、爱好和直感去做事，当然就会产生较高的成功概率和行为效果，因为兴趣、爱好和直感其实就是他天生素质的苗头和导向。从这一点上说，"自由选择"的合理性恰恰出于"天人合一"的规定性，二者不存在丝毫的悖逆和矛盾。

　　关于基因操纵行为，有一个典型的生物实验可以说明问题：蜜蜂群体里有一种传染病，名叫"袭蛹症"（Foul brood）或"腐臭病"，该病主要侵袭尚在蜂房中的幼虫。生物学家发现，蜜蜂可分为"卫生型"和"易感染型"两种品系，二者的行为方式判然有别，卫生型的蜜蜂会把病蛹由蜂房里拉出来丢到巢外，从而避免传染病的蔓延，易感染型则无动于衷，结果受害很大。罗森比勒（W.C.Rothenbuhler）用两种品系的蜜蜂进行杂交，产出的第一代杂交种全是不卫生型，这表明支配卫生行为的基因是隐性遗传的，后来，他又用第一代的杂交种与卫生型亲本进行回交，得到了三种行为方式的后代：第一类是卫生的；第二类是不卫生的；第三类竟是打了折扣的，它们能够找见病蛹，并将蜂房上的蜡盖揭开，但卫生行为到此为止，它们不肯把病虫扔到巢外去。罗森比勒据此推断，那些不卫生型的回交品种，可能只是不具备揭开蜡盖的行为能力，于是，他帮着它们打开盖子，果然，其中有一半蜜蜂立刻将病蛹拖出巢去，甚至如果开盖的蜂房里是无病的幼虫，它们也毫无怜惜、照扔不误。可见，卫生行为是一个相当复杂的遗传组合，它要涉及识别病蛹、揭开蜡盖和拖弃巢外三个相互分立而又前后关联的动作。你看，行为遗传居然细微到如此程度，谁还敢说他的"机缘"和"选择"是完全偶然和彻底自由的呢？

比方说，你巧遇了某种机缘，可你是否具备鉴定它是一个难得机会的识别能力呢？再譬如，你进行了一次重要的选择，可你是否具备能够把这项选择贯彻到底的行为禀赋呢？如果不能，那个客观的机遇还算"缘分"吗？而且，那个看似最佳的"选择"难道不是恰恰把你引上了歧途吗？实际上，人类应付世事的前提远比动物要复杂得多，他不光受到诸多先天因素的影响，后天条件也是一系列不可忽视的要件，因为，从生物演化的进程上看，越高级的物种，后天生长和发育的过程越长，参与学习的能力和内容越多，也就是说，这里存在着一个"调动和发挥其先天潜能的条件倾向于越来越复杂"的自然规定。好比有一个头脑赛过牛顿的孩子，一出生就不幸落在了穷乡僻壤的失教育环境里，而他又偏偏不具备朱元璋那份冲出山野古刹的果敢基因，结果，当个农民他显得太聪明太挑剔，想当牛顿他又斗大的字不识一筐，即便后来你给他移植上了勇毅的基因，他却不免要闹哄哄地扛枪造反，反正他能否成为划时代的科学家总像是一个说不准的局面。到了这一步，你还能分清"天命"与"选择"、"必然"与"机缘"的界线吗？

那么，对于上述紊乱如麻的问题，我们还能不能为之给出某种可供参考的理论整合呢？——这个问题必须分作两步来谈。

第一步，先谈"偶然"与"选择"。站在人生的立场或个人的出发点上，你一定要特别看重诡秘的偶然机缘，并充分尊重自己的自由选择，即是说，你千万不要相信什么必然性的规定或命中注定的前途。要知道，天下的好事大多属于可遇而不可求的运气，你的定向努力只在这个运气铺就的路径上方能得以施展，把握这个好运就叫"选择"，放弃那个霉运就叫"自由"。如果你失去自主、听信天命、任人摆布、随遇而安，那你人生的失败就将成为注定的结局，因为，即便你随波逐流也获得了生活的安稳，但曾经可以自决却让你被动弃权了的那个机遇，总像是一个更明亮的参照系，它会令你的现状相形之下不免黯然失色。须知"幸福"与"快乐"纯粹是一种心理感受，你所心仪的东西，一定是你天性所向往的契合，掉失了这个基础，纵有金山银海、荣华富贵，又有什么意思呢？这就是"皮之不存，毛将焉附"的道理。更何况，一只关在金丝笼中的相思鸟，它的确可以安享美食、无虑天敌，但有谁会说它是一只幸运的鸟儿呢？

以下补谈"偶然与必然"的哲学机理，这段文字比较枯燥，你得结合前面各章所讲述的宇宙分化物演原理来领会：必然性是指物质趋于指数分化的注定走势，偶然性是指任一分化者与其他分化物发生随机耦合或点式依存之几率递减的当下状态，二者之间非但不矛盾，反而恰恰是一脉涵融的，即"偶然（性）状态"正是"必然（性）进程"处在贯彻途中的位相指标，亦即越前位的衍存者之间（譬如无机进化系列），由于分化程度偏低，依存对象单一，因而它们实现碰撞耦合的概率越大（呈现为非偶然态）；越后位的衍存者之间（譬如生物进化系列），由于分化程度偏高，依存对象纷繁，因而它们发生邂逅相遇的概率越小（呈现为偶然态）；这里表达着某种连续递进的单向分化量增动势，其间绝没有跳跃两端或双向图解的辩证余地。人类毫无疑问是处在自然物演分化进程的最末端，因此人类的生存形势当然表现为极端偶然的自由和失离状态——这就是"缘分"、

"选择"乃至于"天命所归"的综合本质。

现在，我们可以恢复采用切合实际的直观方式，来讨论一下有关"必然"和"天命"的第二步话题了。尽管从个人的角度看，你的人生全凭你自由的拓展和尽情的创造来定性，但你自身的生物素质和社会舞台却是预先给定的，由不得你自己随意再塑或另行建构，当然，这一点尚可以置之不理，甚至只有不顾及它，你才能够恣意挥洒，无所不为。然而，由此达成的自由合力或群体效应会呈现出一种怎样的情形呢？生物学家史密斯等人曾经发现了一种叫做"进化稳定策略"（evolutionarily stable strategy 简称ESS）的自然现象，其概念可以这样表述：在任何生物群体中，即使每一个体都自由地选择最有利于自己的行为策略进行活动，无论这种选择是出于有意识的考量还是无意识的本能，它们最终总会达成某种社会化的稳态平衡结构。举例来看：假设某一动物种群里有两类不同行为特征的个体，一类比较蛮横凶猛，我们把它称作"鹰派"；一类比较怯懦平和，我们把它称作"鸽派"。在竞争中，鹰派欺负鸽派总占优势，于是，或者由于鸽派找不见老婆无法传宗接代，或者由于鸽派有意识地也学着蛮横而变成鹰派，无论如何，鸽派的数量不免渐渐萎缩。从此，鹰派的竞争对手必将是鹰派，少数鸽派会躲在一旁作壁上观。乍一看，这些鸽派是吃了大亏的，但它们至少暂时保住了性命，且多少总会得到一点儿残羹剩汁，即它们的平均收益终归还是正值。而鹰派互斗，非死即残，难免弄成两败俱伤，其平均收益此时已落为负值。结果，一个相反的动向开始出现，鹰派的数量逐步下降，因为姑娘们会偷着喜欢雍容大度的鸽派，从而使鸽派的后代趋于增加，甚至某些鹰派成员也会学作鸽派，以免恶斗丧命。到头来，鹰派和鸽派的数量比例必然恢复为最初的平衡状态，而且实际上二者之间的波动范围是很小的。据生物学家计算，鹰派与鸽派的稳定比率为7∶5，也就是说，在这个最终落实的群化状态上，鹰派和鸽派的平均收益完全相等。当然，实际的情形远比这样的简单分析要复杂，但不管花样怎样繁多，最后的社会化平衡效果不外乎如此。你看看，闹了半天，终于谁也没能占上便宜，当初每个人的自由选择和奋力拼搏都是何苦来着。

至此还不算完结。要知道，社会一旦形成，它就有了自身演化运动的规律，而且它必然反过来影响你的"缘分"、"自由"和"选择"，个人和社会之间由以达成某种互动效果。这种效果你是无法察觉的，因为你所遭遇的全是偶然的机缘，这偶然的机缘逼迫着你去作出种种自由选择，这自由的选择又催促着社会逐步走向天命所归的方位。于是，可以说，那"偶然的机缘"和"自由的选择"纯属一个黑眼罩。然而，惟因其"黑"，它才会给你带来出乎意外的悲欢离合，惟因其"罩"，它才能把你引向曲径通幽的人生深处。假如天命昭彰、明示人寰，让你一眼就看穿了整个人生的刻板前程，那你活着还有什么希望和滋味呢？如此说来，这个天造地设的可贵的"偶然性"，倒真是一贴不可或缺且用之不竭的人生兴奋剂。当然，话说回来，上苍不也就是借助于你的这种无休止的兴奋和激昂，才好叫你积极主动且屁颠屁颠地来为它所预定的"必然天命"做嫁衣裳的吗？

28. 恋爱的小花招与大背景

> 聪明的女人是这样一种女性，和她在一起时，你想要多蠢就可以多蠢。
>
> **瓦莱里**

> 我不是男人，我是穿裤子的云。
>
> **马雅可夫斯基**

> 爱情的代价就是如此：不能得到回爱，就会得到一种深藏于心的轻蔑。这是一条永真的定律。
>
> **弗兰西斯·培根**

> 天堂中有什么我们不知道，没有什么我们却很清楚——恰恰没有婚姻。
>
> **斯威夫特**

我的一位友人曾经对恋爱作过一个颇为精彩的比喻，他说恋爱很像革命，二者共同具备如下特征：第一，都需要充沛的激情和幻想；第二，都需要进取的勇气和耐力；第三，彼此之间总像是某种实力周旋；于是，第四个特征便不能不发生，即参与周旋的双方或多方大约都得运用一点阴谋诡计；第五，坚定与犹豫、自信与自卑、忠贞与背叛、进攻与退守等等拉锯式的复杂情节交织在一起，一波三折的种种变故在所难免。此外，如果这场"革命"失败了，则注定会留下极大的创痛；如果它侥幸成功了，又常常让人多少感到有些失望。细想一下，这个比喻简直是字字珠玑，丝丝入扣，生动而又贴切。

实际上，恋爱就是一场革命，因为它们还有一个更重要的共同点，那就是，二者都将缔造出一个全新的生命或全新的生存格局。不过，我以为，即便说到这种程度，仍然未能道出有关爱情的最深刻的天赋内涵。

不信的话，请你试着问一下自己：人间的爱情为什么会夹杂着如此微妙的名堂和花招？也许，有人会说，这是人类社会的复杂性使然，是人类有别于动物繁衍的表现形式之一。然而，这样的回答恰恰弄反了，要知道，这一切正是生物进化的继承性产物，或者说，是生物学意义上两性遗传的自发规定 —— 由此才能引申出一个更加深厚的大背景。

生物的生存行为是受分子的衍存状态所制约的，正如分子的衍存状态是受原子的内在素质所制约的一样，所谓的"基因"或"DNA"，说到底不过是分子存在的转化形态而已，而所谓的"有机体"或"人体"，充其量不过是基因分子临时借用的生存机器罢了，它的表现方式是很直率的：基因一代一代地往下传递，肉体却在中途不断地被抛弃。任何一个基因分子片断都有某种追求存续或追求扩张自身存在的倾向。生物学家里查德·道金斯等人据此提出了一整套有关"两性战争"或"恋爱游戏"的新理论，听起来似乎能够特别有效地解释其中那些玩不尽的花招得以产生的渊源。

物演分化的通则导致"两性分裂"，两性分裂导致求偶"激情"的发生，不待说，此刻的基因分子如果不能使它的载体产生追求耦合的冲动，这种基因必然被消灭。刚开始的配子细胞（即减数分裂的性细胞）可能是对等互助的，但随着生命结构的复杂化，某种扩大了的配子细胞可能会占有育后的优势，因为它内涵着更多的营养，有利于子代生命直接发育成型，这便是雌性卵子得以问世的初衷（譬如一个鸡蛋就是一个卵细胞）。于是，相应地，雄性配子倾向于缩小自己的体积，因为这样可以节省消耗，从而有利于产生出更多的精子去争夺雌性资源。结果必然是，体积太小的卵子和体积偏大的精子逐渐被淘汰。看来，雄性配子一打头就带有狡诈钻营的不良居心，由此拉开了"恋爱周旋喜剧"的序幕。

不过，要滑头并不总是能够得逞的，它倒常常会遭遇更大的惩罚。从表面上看，雌性这时处于十分不利的地位，因为整个养育后代的重担似乎全都落在了雌性的肩上。好在原始水生物种的生存度很高，子代出世后并不需要太多的照料。而且，即便随着生物进化的发展，育后的难度将渐次增大，雌性亦有雌性的办法，否则，雌性单方面的过度消耗，岂不是要导致雌性本身被消灭，从而也连累与之对立的雄性同归于尽吗？按理说，雌性卵子大而稀少，只有雄性一方的损失偏大才能造成某种平衡，果然，战局就这样拉开了第一个回合：鱼类多是体外受精的，在这种情况下，哪一方先把生殖细胞排入水中，它就可以转身逃离，迟到的另一方只好留下来看护受精卵和幼子不被其他恶类当作点心吞掉。雄性的精子量多而轻浮，如果先排入水则不免会荡然飘失，如此全军覆没的巨大损失，雄性基因是担待不起的；而雌性卵子体大沉重，加以雌体会分泌出些许黏液将所有卵子粘在一起，使之不被流水冲散，所以雌性尽可以毫无顾虑地排卵在先，然后扬长而去；于是，没话说，雄性只好尾随射精，并从此被拴在那里，寂然独尽为父的职责。

此后的剧情发展就不能这样平铺直叙了。随着生物登陆，体外受精已成为不可能，因为它们的性细胞容易干燥致死。再后来，及至哺乳动物，孩子只能在母亲体内孕育，结果导致照料后代的天平日益朝雌性一方倾斜，到了这一步，两性之间的不对等状况越发严峻起来。怎么办呢？别着急，自然选择会设计出一套"幸福家庭策略"来应对难局：为了不至于把雌性拖累致死，雌性在恋爱阶段必须矜持高傲、忸怩羞怯，从而令雄性在交配之前不得不付出劳苦献殷勤的高昂代价，这样对雌性有两项好处，一来雄性不敢轻易抛弃它的性伴侣，因为它一想到还要再经历一遍追求不止的苦难，就会望而生畏；二来也考验了自己的雄性对象是否具备忠诚不渝的天性，从而有望在婚配后依靠对方共同协助养育子女。这个过程对雄性本身也并非全无好处，至少在此旷日持久的恋爱期间，雄性可以探明她的肚子里有没有不属于自己基因品种的野胎，所以各种哺乳动物的求爱期大约一般总与雌方的孕期等长。但如此理想的良缘佳配必须有一个先决条件，那就是，雌性方面全都是高傲矜持的贤淑类型，倘若其中冒出了几个放荡淫乱的货色，那么，后者就会占尽先机，子裔成群，因为许多雄性正乐得遍撒种子，然后轻松愉快地一走了之。

于是，在任何保持两性对偶生活状态的动物群体内，都必然会出现如下这种两组四类的恋爱对垒角逐格局：雌性一组会分化出"高傲矜持"和"放荡淫乱"的两种行为遗传类型；雄性一组会分化出"忠诚不渝"和"薄情寡义"的两种行为策略类型。乍一看，这种排列组合似乎对雌方的放荡淫乱型和雄方的薄情寡义型最有利，其实不然。尽管起初这两种类型可能占到了一些便宜，但不难设想，这个便宜是拿一时之快换取长远的麻烦。因为放荡淫乱的雌性即纵一开始还常常碰见忠诚不渝的雄性，可它必然使薄情寡义的雄性受益更大，因为忠诚不渝的雄性为养育后代耗费了大量的精力，这使它们不再能有多少时间去寻花问柳，而那些薄情寡义的雄性却可以不劳而获，再接再厉，终至于弄得桃李遍天下。不过，从此往后，那些放荡淫乱的雌性撞见薄情寡义者的概率就会大幅度上升，若然，它就必须为独自抚养孩子付出极高的代价，如果它也不肯照管子女，它就会连同薄情寡义的雄性配偶一起彻底丢失其全部基因收益，从而最终使双方的后代一并减少。而那些高傲矜持的雌性不太可能受到薄情寡义雄性的严重危害，它顶多是增加了一些寻找夫婿的难度，却决不会受累于为薄情寡义者独养后代的苦难，它的基因收益虽然可能为零，但相对于放荡淫乱雌性的收益负值而言，它的处境总会慢慢地趋向改善，并最终将放荡淫乱型雌体压缩成一个极小的数量比例，这也就是为什么妓女总不免遭遇男性的鄙弃和社会的压抑，尽管她们可能同时受到许多男人的垂涎也无济于事。再则，那些刚开始还算受益匪浅的薄情寡义雄体，最后也照例逃不掉天理的报应，随着高傲矜持的雌性逐渐占据社群主体，它们那种缺乏真诚和耐力的秉性必将使其求偶的过程不断归于失败，到头来，它既消耗了极多的求爱精力，又得不到一个有效繁衍的结果，其基因收益终于也不免落为负值。于是，忠诚不渝的雄性会随着高傲矜持的雌性一起，再度回升为性别阵营的主流。据生物学家计算，矜持的雌性个体通常占到雌性总体的六分之五，忠诚的雄性个体通常占到全部雄性的八分之五，当然，这个稳定比率只是按照某种特定参数估测出来的结果。

婚配关系一旦达成，恋爱的激情自当消退，因为它们必须腾出精力，以便为繁琐拉杂的家庭建设和繁育后代做长远准备。这时需要的是冷静和细致，而不是热烈与激昂，所以，"婚姻是恋爱的坟墓"其实正是生存进程所设定的自然原则。这就好比一场轰轰烈烈的大革命业已成功，当年那种奋不顾身的革命激情最好还是赶紧收敛起来为宜，倘若大家禁不住地硬要坚持让这种热度过高的情绪像野火一样无边无际地到处蔓延，那么最终不闹出一个分崩离析的家政混乱之局才怪呢。可见，"把革命进行到底"的所谓"继续革命论"大概真是一件弄不成的事情。有鉴于此，如果你婚后发现夫妻之间的爱情烈度有所消退，你大可不必为此沮丧，反倒是彼此照旧爱得头昏脑胀，恐怕不免要惹出一些不该发生的磨擦和震荡了。

至于此，有关恋爱游戏的自然背景故事似乎已经交代完毕了。不过，实话说，这还只是一层最表浅的情节规定，它所引发的更深刻的宇宙物演事件，由此才刚刚跨入了一个新阶段或新门槛。试想一下，"社会革命"为什么会和"生物求爱"如此相似呢？如果它们之间不存在某种贯穿如一的自然法则，世间的种种"重演律"岂能一而再、再而三地排练下去吗？不信你看，从结构圆融的氢原子演变出92种参差不齐的后续元素，与从自满自足的单细胞分化出亿万种残弱不堪的后续生命何其相似？再者，从简单疏散的原始小分子演变出构态繁复的基因大编码，与从微不足道的细胞小菌落分化出结构庞杂的人类大社会何其相似？——这是一个一贯到底的自然律正在逐步表达的客观动势，是把人类自身也裹挟在其中的一脉气势磅礴的宇宙进程，中途显露的任何小花招都不过是这个大背景的某种现象形态而已。实际上，由生物求爱所引发的，不仅是一条生命繁衍的链条，而且是一个社会结构的洪流。即是说，从原始单细胞无性繁殖的初级亚结构社会形态，通过多细胞有机体异性分裂的生机组合，达成了以体质性状分化为基础的中级低结构动物亲缘社会形态，尔后，再从中演化出人类氏族亲缘社会，并进而借助于智质性状的继续分化，终于演成晚级高度结构化的所谓人类文明社会形态。这段话大概有些烦人，你索性莫去理会它。在这里，读者只要知道如下一桩"生物社会史"上的划时代事变也就足够了:"性分裂"的降临正好扮演了"社会结构化"舞台上的第一组滑稽角色,或者说,"性媾和"的冲动正好充当了"自然社会结构化发展"的第一个启动环节。尽管在你个人看来,恋爱与求偶只不过是一场格外好玩的情感历程,它最终也不过形成了一个残缺生命的组合之家,然而,这个看似不起眼的"家",不正是后来那个令人生畏的"国"或"国家"之基础和前身吗?

不管人们怎样热切地赞美爱情,弗兰西斯·培根始终保持着冷静的头脑,他说,爱情常常给人生招来不幸,"它有时像那位诱惑人的魔女,有时又像那位复仇的女神。"他还说:"古人有一句名言:'最大的奉承,人总是留给自己的。'—— 只有对情人的奉承要算例外。因为甚至最骄傲的人,也甘愿在情人面前自轻自贱。所以古人说得好:'就是神在爱情中也难保聪明。'……由此可见,人们应当十分警惕这种感情。"那么,这种被魔女或女神加以捉弄的不幸到底是什么呢?这种令神也会堕入昏聩的陷阱又是什么呢?一句话,我们应该警惕地避免一个什么后果呢?培根精辟地回答道:"它不但会使人丧失其他,而且可以使人丧失自己本身。"—— 这真是一抹画龙点睛之笔!只可惜,他终于没能说透:从亚当和夏娃爱过之后,人究竟把自身丧失到什么地方去了?我来替他补充一句:丧失到生物社会所编织的自然罗网之中去了,或者说,丧失到社会结构所设下的宇宙深渊之中去了。除此而外,我们还能再有什么其他归宿呢?

29. 富贵病: 马尔萨斯的失误

驴子宁要草料, 不要黄金。

赫拉克利特

一个人被鞭挞的时候也可以是幸福的。

伊壁鸠鲁

有多少知识便有多少不幸, 创造了知识就等于创造了悲哀。

《旧约·传道书》

培根说, 知识就是力量! 我曾礼赞过这句名言, 但如今我得好生检讨 —— 检讨知识究竟是一种什么力量。

子非鱼

人类常常抱着极严肃而认真的态度, 做出极荒唐而可笑的事情, 这种情形在过去是屡见不鲜的, 想必以后也还会层出不穷。它可以分成两种类别, 一种是当时犯糊涂, 随后尚能清醒过来; 另一种是当时很清醒, 过后却一直糊涂下去。本文就从第一种类别谈起, 再逐步导入第二种类别收尾。

一想起上上下下的高级官员和无知文人, 几十年前曾经闹哄哄地大举批判马尔萨斯，你现在一定觉得有点儿好笑。不过，在我看来，它的可笑或可悲之处，倒并非由于中国的人口被弄成蝗灾一样的局面，那是中国人固有的生物性嗜好，原本怪不得少数人误导了他们；也不是出于对马尔萨斯学说的崇信，因为他的确把问题搞错了，他说人口暴涨一定会引起饥馑、瘟疫和战争，结果实际上现代人所面临的麻烦却是吃得太饱了，以至于弄出了种种怪里怪气的"富贵病"，譬如肥胖病、糖尿病等等。问题的关键在于，就算我们实在心里痒痒，想好好过一把腌臜人家的瘾，至少也该先把下蛆的地方找对，不然的话，我们岂不是只等于在上演一出端着屎盆子往自己头上扣的滑稽戏？

　　说起来，达尔文这个人着实具有常人所不及的独到眼光，以及宽厚而又平和的稳重气质，他不但没有对马尔萨斯咒语般的理论心生反感或怨毒，反而从中看出了某些重要的自然迹象和思想线索。马尔萨斯最早发现，生物按照几何级数高度增殖的天赋能力，总是大于它们的实际生存能力或现实生存群量，依此推想，生物的种内竞争一定是极端残酷且无可避免的。姑不论马尔萨斯是否有必要给人类提出相应的警告，仅是这一现象中所隐含的一系列基础性问题，譬如，生物的超量繁殖潜力意味着什么？抑制这种繁殖能力的自然限度何在？种内竞争的幸存者依靠什么优势来取胜？以及这些所谓的优势群体将把自身引向何方？等等，就足以引起任何一位有思想的人不能不怵然深思。后来，达尔文在他那部划时代巨著《物种起源》一书的绪论中，特意提及马尔萨斯学说的科学贡献和启迪作用，可见要成为那个马老教士的知音，并不是一般人都够资格的。

　　实际上，人类目前面临的"富贵病"问题，也可以从马尔萨斯那里找到解释。就说吃饱饭这件天大的好事情吧，之所以称它为"好事"，乃是由于任何一种生命，大约都不太愿意忍饥挨饿，所谓"生存竞争"，第一要争的不外就是混饱肚子。然而，在自然状态下，有几个宝贝能幸运地天天装满自己的胃囊呢？试想一下，它若饱食终日，一定性欲旺盛，结果不免弄得儿孙满堂，嗷嗷待哺，不过天底下的食料终归有限，吃饭的嘴只管增加，可吃的东西却只管减少，到头来，大家要么比较客气地匀出来一些，好让每个同胞勉强混个半饱，要么各自拼死抢夺，体力消耗反见增加，结果终于比混个半饱还要不如。何况，即便是在饥肠辘辘的状态下，由于动物们尚没能来得及学会采取避孕措施，生养后代的冲动照样难以控制，于是乎，各生物种群的数量还得继续扩大，直到新出世的半饱者与不瞑目的饿死鬼之比值最后完全拉平为止。也就是说，生物的超量繁殖本性，必然造成所有个体永远处于吃了上顿没下顿的打饥荒状态，在这种情况下，谁还能有望染上像"肥胖病"这样美好的疾患呢？这大概也是我国古人偏要把脑满肠肥的丑样子表彰为"富态"的原因吧。

如此看来，"富态"的美誉或"肥胖病"的专利只能由人类来独享了。不过，这其中透露出一个自然进化意义上的严肃问题：既然人类的生物先祖们全都属于饥寒交迫的产儿，那么，人类的生理结构及其生理机能也就必然最适合于半饥半饱的生活状态。换言之，经过亿万年自然选择的过滤，凡是必需饭饱酒足方能维持活力的物种，一定早已被淘汰出局、断子绝孙了，留下来允许继续进化的品种，当然只剩下那些饿着肚子还照样能够乱折腾的货色，这就是为什么你吃饱了饭反而打不起精神，甚至弄成体态失形、病魔缠身之局的原因；也就是为什么农业科技越进步，人口泛滥越恶化，以至于把个好端端的偌大地球都弄出了"生态病"的原因。

现在再来说糖尿病。既然吃不饱饭已成定局，那么，在生物演化史上，凡属能够存活下来的物种，大抵都得具备一点节省能量的内在品格，否则，一旦吃不饱肚子，就饿得骨瘦如柴、弱柳扶风，像林黛玉似的，那它们又将如何投身于你死我活的生存竞争呢？所以，不难理解，一切后衍物种，包括我们人类在内，它们的遗传核质里一定不能缺少一种叫做"节能基因"的DNA编码组型，这个基因专管如何少吃多干，倘若某日吃多了，它还负责把多余的能源转化为脂肪，贮藏在体内或皮下，以便哪天运气不好，断了伙食，可以调动库存，不至饿瘫。平日里，我们常会听见一些胖人哀叹"喝凉水都长膘"，大概就是这类基因特别发达的缘故。不过，话说回来，这组基因如果碰上时来运转、衣食无忧的能量过剩境遇，它就会转眼变成一个致病因子，因为它照例要将一切能源都好生收集无余，不许有丝毫浪费，以至于把体内各个细胞全部憋得喘不过气来，于是，众细胞只好奋起抵制，其后果便是能量物质从尿中排出，然而，此刻的机体细胞也已大伤元气，由以造成糖尿病的并发症最终波及全身几乎所有的组织和器官。可见，我们每个人大抵都是一个糖尿病的病因携带者，或者说都是一个潜在的糖尿病患者，诱发这个疾病的唯一条件就是让科技发展把你的肚子塞满。也许你会说，我自己可以节食，但由于科技发展使我们日常活动的体力消耗或能量输出大幅度降低，你即使不节食，人类饭量的自然减少已经导致能量以外的其他多种营养素摄入不足或平衡失调，你的节食未尝不会给你带来更大的损害。总之，你无论如何也逃不出科技文明的生存氛围，你已经远离了你自身的动物本性，难道你还能返回到野兽或猿猴状态不成？果然，人类糖尿病的自然发病率过去远远低于0.2% ~ 1%，但是，现如今，在发达国家或中等发达国家它已上升为6% ~ 25%，骤增几倍乃至几十倍，并且目前还在以极高的速度迅猛扩散。据某些医学家推测，照此势头发展下去，在不远的将来，人类的50%甚至

70%以上都有罹患此病的危险,到那时,未染糖尿病的人或许反倒成了异常的另类也说不定。

其实,人类自己制造的疾病又何止上述这一、两种?比方说,人的生物钟是靠眼睛感受的光照来调节的,自从爱迪生发明出了灯泡以来,大规模的失眠症或神经性疼痛在人间爆发,弄得人们只好依靠长期服用安眠药或止疼剂来维系最起码的生理平衡。再如,现在盛行的温室大棚种植和催生剂点化,使果蔬之类的生长周期被人为改动,结果导致作物内涵的适配成分发生异变,亚硝酸盐等中间代谢产物大量堆积,它除了造成癌症发病率升高之外,其远期后果到底是什么,目前谁也说不清。诸如此类的事例不胜枚举。从某种意义上讲,现在临床上的半数病因多少都与科学的进步或人为的胡闹有关,这还不太要紧,反正个人的寿命总算给闹长了,它的危害只不过是让你多受几年洋罪而已。但,如果把人类制造的其他种种科技麻烦加在一起衡量,恐怕它的总结果是,人类作为一个物种的整体寿命将免不了要大打折扣。近年来,英国等西方国家研究发现,与50年代比较,人类男性的精子数量明显减少,且病态精子的比例大幅上升,这是一个十分冷峻的征兆,因为,哺乳动物在灭种之前,通常会发生此类现象。譬如,中国大熊猫的濒危态势,就不仅仅与栖息地的植被食物链破坏有关,其雄性精子的衰竭情状,恐怕是一个更为严重且无法改善的自然寿限指标。

讲到这里,我们可以重新回顾和评判马尔萨斯理论的成就或失误所在了。严格说来,马尔萨斯的"学术出发点"及其"理论总导向"都是正确的,前者已被达尔文给出了证明,后者更在人类长期的社会运动史上被反复验证。其实,一般而言,社会学家和历史学家演绎的故事可信度很差,因为在他们单纯的人文学视野里,实在缺乏了一点必要的自然学深度。要知道,人类社会的周期性大动荡，通常潜含着人类自身的生物学要素在作祟。譬如，中国社会每隔二、三百年便会出现一次激烈而血腥的朝代更替，它总是由普遍的生计问题或饥馑引起，接着瘟疫流行，战乱迭起，厮杀之余，人口骤减；尔后，完全继承着旧朝代政治格局的新朝代确立，朝野上下一致倾向于休养生息，于是，人口数量逐渐恢复和增加，社会动荡的各种因素又开始重新积累，直到下一轮变乱再度被激发为止。有人早就发现，这个社会动荡曲线的起伏与人口数量曲线的升降完全吻合，其情形颇有些像是蜜蜂社会周期性"分蜂热"的再现。另外，世界各国的"领土主权"纷争，与动物同种之间的"领地抢占"现象如出一辙，希特勒发动第二次世界大战的理由之一，不就是他所公然宣称的，要为日耳曼人争夺更广阔的"生存空间"吗？

那么，我为什么还要说马尔萨斯的学说有严重失误呢？这就必须从人类"智质属性"的加速代偿谈起，然而，这个问题说起来太聱牙，为了浅显起见，我在这里把它转换成知识增长和科学进步的直观命题来诠释。读者只需记住，人类理性能力的提升，是物质感应属性以及生物感知进化的继承性产物，这种"属性增益"的自然进程，必然造成其载体存在方式的相应衰变，以及载体结构形态的相应改观。由于马尔萨斯忽视了"科学技术"——我称其为"自然感应属性或生物感知属性演进到人类阶段的终末代偿形态"——的定向递进态势，亦即忽视了哲学意义上"代偿效价"与"存在效价"的反比互动关系，因而导致他把人类的社会生存问题说得太轻松了。事实上，人类的生物学趋势或社会学远景要比他所预见的情形严峻得多，正如人类的衍存位格要比其他生物的进化位相危险得多一样。也就是说，过去人们对马尔萨斯的批判，恰恰把问题全给弄反了。

马尔萨斯的直观理论适用于生物界的表观现象，也部分适用于人类文明化程度不高的早期历史。但随着科学技术的突飞猛进，情况就会发生变化，这个变化体现在人类能够在某一有限范围内暂时解决繁殖过量所带来的麻烦，从这一点上看，马尔萨斯的理论失效了，不但失效了，而且还出现了相反的局面，譬如由"饿死"的问题转化为"撑死"的问题便是一例。然而，这个导致马尔萨斯理论失效的因素，即科学的大规模发展，却是一个远比生物种内的生存竞争更可怕的问题。生物的内部竞争一般不会直接引起该物种的灭亡，反倒可能引发该物种的变异选择和进化。不过，实话实说，这个"变异"和"进化"才是导致物种灭亡的真正动力。你看，越高级的物种，灭绝速度越快，所谓"灭绝速度快"就是"变异速度快"的代名词；而且，高级物种通常反过来变成低级物种的天敌，或者说低级物种通常构成高级物种的基层食物链；可见进化的结果不过是给自己制造出一个催命鬼或勾魂阎罗罢了。

科学进步是什么呢？ —— 就是最快捷的变异和最激烈的进化！须知生物的进化是通过"基因突变"引发"体质性状"的变异来完成的，而人类的进化是通过"逻辑变革"引发"智质性状"的变异来实现的。所谓"智质性状"，就是指动物或者人类借助于自己的智能属性所造就的工具式体能延伸。也就是说，智质性状一定是体质性状的直接继续或机能发展，就像智能本身是一种在生物进化的过程中渐次发展出来的东西一样。所以，我们所谓的"工具"，无一不是动物体质性状的延长和补充，譬如望远镜和显微镜是眼睛的延长，刨床和龙门吊是手臂的延长，汽车和轮船是足力的延长，电子计算机是脑力的延长等等。总之，我们尽可以把一切工具统统称为"类体质性状"。这是个一脉相承的自然跃迁进程，也是人类远离了动物的基本原因所在。动物与人类之间的自然鸿沟或考古断环，其实早已由人类自身的文明化步骤把它完整地接续起来了，即是说，智质通过对于自身类体质性状的重塑和再造，其每一个演动进化步骤都相当于一次生物变异甚或生物变种：从"猿人"→"旧石器人"→"新石器人"→"青铜器人"→"铁器人"→"机械化人"→"电子化人"→乃至发展到"基因工程人"而不止；或者，换一个表述方式也一样：即从"猿人"→"原始采猎人"→"游牧人"→"农业人"→"工业化人"→"信息化人"→乃至发展到"后现代化人"而不止。

不妙的是，智质进化完全继承了体质进化的自然规定，即原始物种的生存度明显高于后衍物种，物演进化的稳定度倾向于加速递减。这个动势在人类的文明化阶段显得尤其突出，它似乎标志着某种临界极限终于逼近了。请看，任何一个生物品系，哪怕是最高级的哺乳纲或灵长目动物，一般至少也要维持几千万年或几百万年；从南方古猿进化为直立人种，大约经历了一千六百万年；然而，一旦进入智人阶段，演动的形势立刻急转直下，"石器人"顶多存在了百十万年；"农业人"、"青铜器人"或"铁器人"只存在了不足一万年甚至不足几千年就行将或已经退出历史舞台；而"工业化人"居然仅仅苟存了几百年就被"信息化"浪潮急速淹没了。如此激烈的变异和进化，简直无异于从一个慢速下滑的缓坡上突然跌入悬崖直坠的死亡深渊，而带动这个坠落态势的直接动因就是逻辑变革与科学发展。说起来，这还只是在一个时间流程的纵轴上抽象地讨论问题，其间尚未涉及人间横向生存平面上业已凸显的具体危机，例如人口爆炸问题、生态破坏问题、环境污染问题、气候异常问题、大规模毁灭性武器问题以及生物技术可能带来的极其恐怖的后果问题等等。

需要特别引起注意的是，我这里所说的科技进步及其危害效应，不是指它的负面作用，而恰恰是指它的正面功能，一如哲学上所谓的"有效代偿"与"无效代偿"，原属同一个宇宙进程或逻辑概念那样。换言之，正是基于科学发展的有益效果和积极动能，才导致人类生存形势的高速嬗变和急剧恶化。如果一项科技发明仅仅造成了某种副作用，则它不可能得到普遍推广和长期应用，如果它只是附带引出了一些不良影响，消除起来一般也比较容易。问题在于，任何一项科学成就的正面意义同时就是它的负面效应之所在，或者说，科学技术的负面效应正是它正面效应的施行结果，而且它的正面意义越大，其负面作用必然也就越强，二者终归同一回事，根本无法分别取舍。只不过，你要体会到这种效应，一般需要长时间的消磨和远距离的观察而已。

常听人说，科学是一把双刃剑，它既可济世，又能伤人，一切取决于你怎样运用它，这实在是大错特错了。其实，科学只是一柄单刃刀，它势如破竹，所向披靡，不过，那所破的"竹"正是我们人类自身，那锋芒之"所向"正好砍掉了我们的生存气数，它的每一小步挪动，在悄无声息之间，都比任何一场轰轰烈烈的饥馑、瘟疫或战争更有力度，因为它的运作，推动着或标志着一个宇宙进程的贯彻和自然法则的执行。相比之下，马尔萨斯的轻声预言又显得是何等的缺乏气势呵！

30.人类在自然界的位置

……这个世界多么轻易地抛弃我们,
使我们无助、孤独;
它总像太阳、月亮和诸神那样,
继续走它的路途。

歌德

前不见古人,
后不见来者,
念天地之悠悠,
独怆然而涕下。

陈子昂

你走上达到你的伟大的路,现在临
于绝地便是你的最高的勇敢!

尼采

天地不仁,以万物为刍狗;
圣人不仁,以百姓为刍狗。

老子

　　面对茫茫宇宙,唯有"人"具备了发问的资格,这资格导源于认知的能力,这能力又导源于多疑的天性,于是,一切"学问"均从这一"问"开始。所以,亚里士多德曾说:"古今来人们开始哲理探索,都应起于对自然万物的惊异"(引自《形而上学》)。可从来没有人再深问一步:人为什么会有所惊异?或者,人为什么会生性多疑？天下万物一概用不着生出疑问，它们照样都好端端地存在着或生存着，何以唯独人类必须边问边活？

这个问题实属天下第一重要的问题！ —— 因为它实际上是在问："人"是什么？从公元前5世纪古希腊德尔斐神庙石壁上镌刻的名言"认识你自己"，到19世纪印象派画家保罗·高更在他的一幅名作画题里发出质疑："我们从哪里来？我们是谁？我们到哪里去？"都是在不懈地究诘这个问题。然而，如果只停留在"人"的自身上兜圈子，这个问题则永远也不会得出答案，因此，从人类文化的源头开始，追问的形式始终呈现为另外一种问法，即：人类究竟处在自然界的什么位置上？

也就是说，此一问题历来构成人类文化与思想的核心，甚至可以认为，人类的一切知识都是在直接或间接地探讨这个问题。基于此，它自然会表现出两个特征：第一，但凡与这个题目比较接近的学说，哪怕它原本纯属一个专业论题，总不免扩散成一种普世观念或流行思潮；第二，它的结论似乎总是不确定的、动荡摇摆的，但大致方向一贯趋于下降，结果把人类在自然界的位置弄得越来越沦落。

以下来看事实 ——

人类各种族最原始的文化形态统统都是宗教，也就是以神学的方式理解世界和自己。在这样一个分外粗糙的逻辑系统中，人的自然位置反而是最高的。因为从图腾拜物教到人格神拜灵教，神变得越来越像人了，而且，除了屈尊于这个虚拟的神明之下而外，人的地位高居于万物之上，在天地之间代行神的威权，并理所当然地自视为万物的主宰。这种思绪蔓延绵长，迄今仍然处处可见它的遗存。

随后进入哲学时代。科学在哲学之下萌生，神学在哲学之上笼罩。于是，即便换了一种较复杂的混合思维方式，人的地位仍然与神同在，它的典型代表就是托勒密（公元90—168年）的"地心说"。按理说，托勒密的理论模型纯属一个专业课题，他的著作名叫《天文学大成》，其中包含着许多有价值的科学观察和发现，他本人堪称当时最合格的天文学家、数学家和地理学家。这样一种高深的学理，后来竟成为西方世界的普世宇宙观，不能不说是由于它直接触及了"人类在自然界的位置"这个极敏感的问题之缘故。

再后来，是开创了近代科学先河的哥白尼（1473—1543年）。他的"日心说"专著《天体运行论》仍然是一本专业化程度很高的作品，起初只有布鲁诺和伽利略先后受到他的学术观点连累，但其随后对人类的总体影响却着实有些异乎寻常：以此划时代，科学思想的洪流顷刻间汹涌澎湃，一下子淹没了整个世俗人寰。其实，他的理论并不是很正确，他那"完美的"圆形轨道模型，以及太阳变成了宇宙中心的误谈，都属于十分严重的瑕疵，因而很快就被开普勒和牛顿等人的新理论所取代。然而，他的普世性影响却是很少有人能够比肩的，原因在于，他是第一个把人类从接近于神的高度，拉回到普通行星居住者的位置上来的人。这一举，使人类的自然地位大幅度沉降下来。

1859年，达尔文发表了他的《物种起源》一书，这是一本纯粹的生物学专著，相信不会有多少人真正通读过他的大作，可由它引起的不安和轰动，简直足以与任何一位宗教创始人相提并论。之所以会如此扰攘，盖由于他把人类的自然位置又拉低了一层，结果导致尊贵的万物之灵陡然跌落为猿猴的徒子徒孙。说起来，他其实还是很抬举人类的，因为按照"适者生存"的理念推想，人类仍可自视为是适应性最佳、生存能力最强的至高物种。然而，这只能算是被贬谪之后的一丝抚慰，因而他还是不免遭到来自四面八方的人身攻击。自称是他的"斗犬"

的赫胥黎为了捍卫他的学说，不惜忍辱负重，到处宣讲，还为此专门写了一本书，书名就叫《人类在自然界的位置》，足见赫胥黎深知达尔文学说的思想分量之所在。此后，达尔文的"进化论"逐渐成为弥漫全球的现代思潮和哲理观念，以至于还起到了某种鼓舞人类上进心和刺激人间竞争力的特殊作用。

到了这一步，人类借以傲视天下的东西已经所剩无几了，倘若还要孤芳自赏，细加搜罗之余，大约也就只有"精神"或"理性"这样一脉虚气尚能放射出几许辉光。然而，不幸得很，此刻偏偏又冒出了一个怪杰，他原本不过是一介精神病医生，鉴于既往的精神病治疗方法，譬如电疗和紧身衣等等，简直无异于摧残人性，他实在有些看不下去，于是决心下功夫研究精神的基本决定要素。不料，这个动作，居然把人类的最后一块宝贝也摔得粉碎。他发现，人类高尚的精神存在，其实受累于生物禀赋中最原始、最低级的性压抑的扰动，它可能转化为某种潜意识层面的紊乱，然后从那里发起对精神活动最有力的支配。人——从此与古埃及金字塔前狮身人面的司芬克斯一样，虽有一颗貌似理性的硕大头脑，其精神状态却完全受制于动物般的血肉之躯。他就是创造了"精神分析法"的奥地利精神病学家和心理学家弗洛伊德（1856—1939年）。弗氏的学说照例属于纯专业范畴，它后来广泛波及人类文化的各个领域，其原因还是由于它给人类的自然位置造成了又一次严重的下挫。

那么，人类在自然界的位置，是不是就此便可以宣告彻底摆正了呢？不可以，非但不可以，差得还很远哩。

就拿达尔文的进化论来说吧，他的"自然选择"假说固然有一定的道理，但他由此得出的"物种进化过程导致生物适应性和生存效能递增"的结论却是一个明显的错误。按照他的理论，越进化的物种，适应性越强，生存力度相应也就越高，但，实际的情形却恰恰相反。纵观整个生物史，诞生于38亿年前的原始单细胞生物迄今仍然是生存力度最强、质量分布最广的生命形态；再看，从原生细胞演变出原核细胞、多细胞融合体乃至低等生物门类，如多孔动物、腔肠动物和扁形动物等，时间依次逐步加快；及至发展到临近于脊索动物的阶段，新物种的递变衍生速度已呈现为某种爆炸式的突现状态了，这就是发生在5亿7000万年前的那个著名的寒武纪显生时代；此后，各个物种的新生和衰亡像走马灯一样闪烁不定，来去匆匆，令人眼花缭乱，而且，越迟到的物种，登场亮相的姿态越离谱，趋于绝灭的速率也越高。例如，作为卵生爬行动物之代表的恐龙，称霸地球尚可持续1亿6000年左右；然而它的后继子孙哺乳动物，衍生至今才不过7000万年至9000万年，却已普遍陷入死灭境地；尤其不妙的是，生物进化的绝代佳品——即我们人类，问世以来至多不超过300万年或500万年，现在已经明显表露出衰竭前的过盛危象，并且这个危象还是在不足50万年（用火）、或者不足5000年（用文字）、甚至不足500年（用科学）的文明化以后才骤然降临的。也就是说，在亿万年来已遭灭绝的99.9%以上的生物品系里，愈进化的物种淘汰几率愈高、绝种速度愈快，亦即生存力度愈低。何以是"强"者消亡，"弱"者长存？即是说，在"物竞天择,适者生存"的表观现象后面,实际上暗藏着一个"自然选择偏偏要把最不适于生存的弱化产物层层推出"的单向度规定。印度诗圣泰戈尔说："我们把世界看错了，反说世界欺骗了我们。"是身为科学巨擘的达尔文错了，还是世界在我们有限的认知能力之外，另有一番规律？

情况之糟还不止于此。在这个世界上，能够喊出"征服自然"的豪言壮语者，似乎唯有我们人类，可实际上，真正做到"征服自然"的，却恰恰是那些被我们视为无能之辈的原始生物。要知道，在地球形成之初，包裹着地球的本来是还原型大气层，其中的氧含量不足0.1%，硬是那些低级的厌氧性生物，例如原始单细胞蓝绿藻，或渺小的珊瑚虫之类，以及后来登陆的低等植物们，经过亿万年的努力，才把我们这些高等生物赖以生存的大气圈改造成现今的氧化型气态，其变动幅度高达210倍以上（现在地球大气的氧含量是21%），并制备出一切陆生生物不可或缺的臭氧层。不仅如此，就连我们脚下的地质形态，也已被那些不起眼的小东西改造过了，譬如中国的桂林山水，就是珊瑚虫们世世代代吸收大气中的二氧化碳，使之转化为它们的骨骸沉积而成的，以后经过长年累月的雨水冲刷，才形成现在那样典型的喀斯特地貌。看来，堪当"征服自然"之英雄者，唯原始低等生物莫属，只有它们才称得上是"翻天覆地"的盖世豪杰。反过来，再看我们人类，不仅创造力有限，连最起码的生存耐受力也薄弱得可怜，例如，原始大气中二氧化碳的含量大约是现在的20万倍，低等生物们正是在这样恶劣的环境中创生出了我们这些不肖的高等晚辈，可时至今日，我们才把大气中二氧化碳的含量以污染的方式增加了不足一倍，大家就已经乱作一团、不知所措了。

至于弗洛伊德有关"精神"成因的理论，更是肤浅的浪花之谈。须知精神海洋的深度，远不是可以从生物的"性分裂"这样一个表浅层面探讨清楚的，尽管生物进化的原始生理要素的确对精神活动造成了一定的基层影响。实际上，高等生物的"精神感知能力"导源于无机物质的"理化感应属性"，并深深地受到这种原始感应属性的基础性规定，正如我们的感官系统和神经系统完全受制于细胞层面的电磁感应作用一样。这个话题说起来有些复杂，于此暂且从略不谈，但读者至少应该明白，精神现象的自然深度及其运作机制，远非既往的理论可以廓清。而且，更重要的是，精神属性在自然进化中的代偿增益效应，非但不能提高感应载体的存在度或生存度，反而可能是该载体失存度的直接指标。也就是说，我们寄望于自身理性程度的高涨或科技能力的进步来提升我们的生存效价，可能是一种南辕北辙的努力，弄不好，它倒是我们自己找死的最佳途径，或者说，是自然物演进程借助于我们的不断努力来使之得以最终贯彻的必然方式而已。

总之，我只想提醒人们，或警告人类，这个世界衍生于某种"递弱代偿"的自然机制或宇宙进程，即愈晚近愈高级的物存形态，其存在效价愈低，生存力度愈弱，尽管它们反而呈现出属性代偿愈丰、自为能力愈强的表观倾向。换言之，过去关于"人类在自然界的位置"之种种理论，可能全都误导了我们。我们虽然处于宇宙进化的巅峰，但恰恰是这个峰顶最容易崩塌——即我们的生存形势实际上处于万物之下，而不是万物之上，我们只不过是宇宙物演进程的最后也是最弱的承载者！我们之所以必须边问边活，乃是由于我们已经发展到自然演运的至弱阶段；我们之所以显得知识丰厚，乃是由于我们不得不借助于属性进化来维系弱存。有学生曾经问我，既然你自己承认你的学说照例不会是"真理"，你凭什么确定人类的处境一定不妙，我只能回答说，凭人类的认知倾向，即人类关于自身在自然界位置的理论既然一直倾向于下坠，那么，纵然有一天我的学说被证伪，下一个理论也一定要比我的学说更为不堪。何况，我们人类眼下的总体生存危机难道还不足以引为此一理论的确靠依据吗？我的学说其实不过是为这种现实情境提供一个基础理论罢了。

帕斯卡尔曾经说："人是一棵会思想的芦苇"，语气中带有对人类智慧的自豪和对人类柔弱的悲叹。殊不知，人类的智慧正是人类柔弱的相关产物，人类之所以比芦苇智慧，乃是由于人类要比芦苇衰弱得多，芦苇已经繁衍了上亿年的光景，人类的生存气数只怕连它的十分之一也达不到。如果我们不肯为自身的柔弱骄傲，那么，我们最好也不要为自身的智慧欢呼，因为正是在那个"柔弱"与"智慧"之间，存在着一种天定的反比线性函数关系。20世纪70年代，一群著名科学家以"罗马俱乐部"的名义发表了一个叫做《增长的极限》的预测报告，明确发出"资源行将耗竭"的警告，并建议人类共同采取所谓"零增长"的经济策略。姑且不谈这个建议目前是否可行，仅是那项报告的内容就一错到底，须知问题根本不在于"外部环境的自然资源是否会在经济增长的过程中被用光"，而在于"人类本身的自然生机是否会在文明发展的过程中被抽空"。也许，我们的人性进化历程正是自然物演历程趋于"地老天荒"的某种内在标识，文明的辉煌正是宇宙造化之灵最后的回光返照，这"灵慧"（生物属性）与"文明"（社会属性）恰好就是把我们引向愈益柔弱化的"诺亚方舟"，你以为那是一条拯救溺水的打捞船，何曾想到它的航向正要将你带入远比"水深火热"更苛酷的地狱之门？

因此，依我看，人类的智化生存，本质上仍然属于一种"盲存"的状态（亦即本质上仍然属于一以贯之的物演"流程"的继续），他的智慧仅够用于蒙蔽自己，或者说，仅够用于蒙蔽自己的自戕状态。尽管，我承认，我找不到任何转折变通的路径。但至少我已明白，并希望人类也随之明白，智慧的本性以及智慧的发扬绝不是我们的守护神，它倒更像是为浮士德寻求满足的那位可爱的魔鬼糜菲斯特！

问题在于，你如何才能摆脱这个魔鬼的纠缠呢？或者换一个更现实的问法：我们究竟应该如何与这个无法摆脱的魔鬼周旋呢？——这可是一个全体人类迟早必须直面的存亡攸关的大问题呵！

跋

东方人讲哲学，原本是诗律渲染的，或者是寓言调侃的。前者如老聃、屈原（《老子》书是离骚体的先河，屈子《天问》是宇宙观之探索），后者如庄周、列御寇（《庄子》书可谓意趣飞扬，《列子》文章则显生动而沉郁）。不像西方人，正襟危坐，板着脸细细数落，虽然条分缕析得格外透彻，读起来却不免令人昏昏欲睡。

有鉴于此，我在写罢现代版哲学专著《物演通论》之后，便想换一个口吻，说一些轻松幽默的闲话，固然内容照旧免不了叫人扫兴，但愿文辞之间能流露出洒脱之风。不料事与愿违，初版后读者回音，多数似仍嫌它科学之谈枯燥，哲理之论突兀，俨然一具血肉瘠薄、形销骨立的畸种。一时间竟将我原先拟定的另外近百篇相类腹稿，统统窒闷成了见不得天日的死胎。随后检讨一番，得出如下结论：除了我这个人刻板有余、才情不足而外，恐怕还有更重要的一层原因，那就是，近现代科技知识的熏陶，早已将人内心深处的童趣和想象力泯灭殆尽，想当年，李白"举杯邀明月，对影成三人"，还可生出桂木玉兔、嫦娥伴舞的幻象，现如今，你明知月亮不过是一个死气沉沉的土球，倘若再要发什么仿古之幽情，则注定会弄出老脸唱嫩曲儿的尴尬，念及此，纵然刚曾冒出了那么点赝品般的诗情画意，也由不得你立刻会把它掐灭在萌芽期里。

有了如此一番自省，我虽不能鼓起勇气将胎死腹中的拙文继续写下去，却不妨将已经问世的畸怪品种再端出来献丑，暗想另过千年，像"科学"这样的时髦玩意儿，大抵也逃不掉被后人弃之若敝屣或视之若异类的宿命，那时回头看，兴许这丑孩儿倒变成了别样的可爱货色也说不定。

于是就有了该册小书的第二个版本。

在此，有必要重申，本书只是一个聊天的集子，所有话题大致都停留在直观的层面上泛泛而谈，而且它只涉及哲学系统问题的极小部分，应该说，它给你留下的更多是疑窦，而并非题解。譬如，自然物演的"递弱代偿法则"究竟依循着怎样的路径在衍动？其间"属性"与"结构"的代偿关系是什么？宇宙物态演化过程为何会被框定在一个非时空的"有限衍存区间"内运行？等等，这是就"自然"而言。若问"精神"，问题更多，譬如，作为一种自然产物，"精神"或"理性"的渊源何在？它的基本规定性奠基于何处？它的演运机制如何展开？为什么"本质"问题会像罗素所说的那样成为哲学史上永恒的难题？既然我们无可"真知"，认识上的"正确"为什么一定要表达为"逻辑三洽"？……至于"社会"，恐怕我们连最基本的名词概念都得重新修正，因为它压根儿就不是一个单纯的人文现象或人为产物，反倒是一切人文现象不外乎都属于某种自然进程的直接继续，所以，既往那种"社会科学"与"自然科学"的分野势必很快就会被消除。

诸如此类的问题，显然不是可以在闲聊中获得解答的。对此有兴趣的读者，请参阅我在前面提到的《物演通论》一书，它的修订本也已再版。需要事先声明一下，那才真是一架连个零星皮肉都挂不住的有魂骷髅，望之虽令人落魄，对谈则别有洞天。当然，你若不愿继续忍受它的折磨，我深表理解。

不过，人类的文化处境正在发生深刻的变化，凡置身度外者，自将沦落后尘。一位学生听了我的课，大约有些天地倒悬的感觉，于是问我，他以后还如何与别人沟通，我回答说，不是你能否与别人沟通的问题，而是别人能否与你沟通的问题。这又是那个"子非鱼安知鱼之乐"的别扭境况，即认知位相的不对称性使然。问题在于，你是想作"鱼之乐"呢？还是想受"人之苦"？

——人生识字忧患始。要是让我选择，我倒宁肯安享"鱼之乐"，可惜我毕竟不是一条鱼（"子非鱼"），于是只好承受为"人"的煎熬。

试问，你又有多少选择的余地呢？

作者 2009年11月25日改

www.ingramcontent.com/pod-product-compliance
Lightning Source LLC
Chambersburg PA
CBHW022049020426
42335CB00012B/614